놀면서 크는 우리 아이들

놀면서 크는 우리 아이들

발행일   2022년 09월 23일

지은이   윤문홍
펴낸이   손형국
펴낸곳   (주)북랩
편집인   선일영   편집   정두철, 배진용, 김현아, 박준, 장하영
디자인   이현수, 김민하, 김영주, 안유경, 최성경   제작   박기성, 황동현, 구성우, 권태련
마케팅   김회란, 박진관
출판등록   2004. 12. 1(제2012-000051호)
주소   서울특별시 금천구 가산디지털 1로 168, 우림라이온스밸리 B동 B113~114호, C동 B101호
홈페이지   www.book.co.kr
전화번호   (02)2026-5777   팩스   (02)2026-5747

ISBN   979-11-6836-493-6 03370 (종이책)   979-11-6836-494-3 05370 (전자책)

맘껏 놀아야 보이는 세상

놀면서 크는 우리 아이들

윤문홍 지음

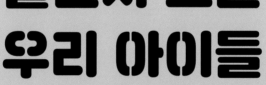

 북랩

아이들을 만나는 일은 설레는 일이다. 그러나 이 설레는 마음이 아주 먼 옛날, 초임 시절부터 자리한 건 아니다.

나는 초임교사 시절일 때도, 10년 차 교사일 때도 '아이들을 잘 가르쳐야지.' 하는 신념에 집중했다. 신념은 아이들을 가르칠, 배움을 채워줘야 하는 대상으로 생각하고 바삐 몸과 마음을 움직였다. 그러다 보니 배움이 즉각 일어나지 않는 아이들에게 어려움을 느끼게 되었고 지쳐갔다.

어느 순간 교사인 내가 '배움이 부족한 건 아닐까'라는 생각이 마음에 들어오게 되었다. 그러면서 이전에 나는 아이들을 능력이 많은 아이와 능력이 많지 않은 아이로 구분하며 살았던 것임을 깨달았다. 깨달음은 깊은 배움으로 연결하는 계기가 되었다. 그리고 배움은 아이들을 보는 관점을 변하게 하였다.

아이는 그 자체로 존중해야 하는 보물임을 깨닫게 된 나는 아이들을 좋아하는, 아이들이 좋아하는 유치원 원장이 되었다. 나는 아이들이 서로 다른 개성으로, 서로 다른 시기에 폭발하는 능력이 있음을 발견하면서 그 발견에 깜짝 놀란다. 나는 진짜 능력 있는 유아들을 매일 만난다. 발견은 매일의 출근을 가볍게 한다.

아이들을 향한 마음의 변화는 나뿐만 아니라 함께하는 아이들, 교직원들을 즐겁게 한다. 내가 만난 아이들은 교직 경력 27년인 현재나 초임일 때나 같은 존재였을 텐데… '같은 아이, 다른 존재'로 만나게 된다는 사실은 아이들과 함께하는 어른들의 인식이 변화해야 한다는 강력한 깨달음이다.

이 책은 아이들이 유치원 생활을 하면서 또래와 교사와 어떻게 놀이하는지, 그 과정에서 각자의 능력 있음, 유능함을 어떻게 화려하게 펼쳐내는지 하는 놀이 사례다. 지구상에 있는 많은 교사, 어른이 이 책을 읽어주길 간절히 바란다. 왜냐하면 「2019년 개정 누리과정」이 고시된 시점에서 이 놀이 사례는 현장교사에게 변화해야 할 교육행위를 실질적으로 알게 해 줄 것이다. 뿐만 아니라 엄마, 아빠를 포함한 어른들은 놀이를 통해 스스로 배움을 즐기는 위대한 존재가 내 아이임을 발견하게 될 것이기 때문이다.

이 책을 펼칠 수 있게 해준 예지유치원 친구들과 꿈의 현장에서 함께하는 윤홍 이사장님, 정미경 선생님, 강남욱 선생님, 최돈미 선생님, 함정연 선생님, 박지연 선생님, 신지은 선생님, 이정아 선생님,

정세희 선생님, 원윤서 선생님, 권예원 선생님 그리고 따뜻한 현장전문가라고 강렬한 응원을 보내주시는 나의 스승 최윤정 교수님께 깊은 감사를 전한다.

2022년 힘찬 아이들에게 엄지 척하며

윤교홍

차례

첫 번째 마당

**일상과 마주하는
생동감**

첫 번째 마당

일상과 마주하는 생동감

가을비와 튼튼함, 그리고 행복함

갑작스럽게 비가 내린다. 원장인 나는 유치원 시설을 정비하러 교실을 빠른 걸음으로 지나간다. 다섯 살, 아이들이 비가 내리는 창밖을 바라보며 소곤소곤 이야기를 나눈다.

"조금 있다가 번개가 친대."

"그치만 유치원은 끄떡없어."

"벽돌로 지어서 튼튼해서 그래."

"비가 많이 올 때 내가 창문으로 봤는데 진짜 끄떡도 없었어. 진짜로. 이거 가을비야."

"어떻게 알아?"

"우리 엄마가 말해줬어."

"꽃이 가을비를 마시면 행복할 것 같아."

"'톡톡' 나뭇잎 치면 좋은 냄새 나는 나무가 내 아파트에 있어. 경비아저씨가 마스크를 이렇게 내리고 냄새 맡아보라고 했어. 비가 '톡톡' 오네."

TIP

태양, 공기, 물, 숲, 땅 등은 인간의 삶과 동식물의 생명을 이루는 원천입니다. 우리는 자연환경 속에 살면서 경이로운 경관을 마주하기도 하고, 자연의 섭리에 따라 살아가는 식물의 색에 놀라기도 합니다. 자연의 아름다움을 아이에게 너무 설명하려 들지 마세요. 어른들보다 아름다움을 더 쉽게 발견하니까요. 아이들은 다양한 자연의 변화를 눈여겨보고, 자연의 소리, 움직임, 향기, 촉감 등을 그냥 그 자체로 느낄 수 있으니까요.

어른인 나에게 비는, 그것도 세차게 내리는 비는 지저분한, 불편한, 다칠 것 같은, 빠르게 후다닥 무엇인가를 정리해야 하는 이미지로 마주합니다. 다섯 살 아이들은 비를 번개, 벽돌, 약함과 강함, 가을비, 꽃, 행복으로 연결합니다. 아이들의 이러한 일상의 대화는 어른인 나에게 언제나 흥미롭습니다. 아이들은 자신들이 직접 마주했던 경험과 어른에게 들었던 정보를 기억해 내어 서로의 이야기에 공간의 틈을 채웁니다. 이래서 아이들은 좋은 어른도 필요하고 친구도 필요합니다. 세상의 이치를 또래를 통해 자연스럽게 알아가니까 말입니다.

놀면서 크는 우리 아이들

허풍쟁이

다섯 살, 아이들은 선생님과 '우리 동네'를 산책한다. 편의점을 지나 셀프24시 빨래방을 지날 때 아이들이 큰 소리로 이야기한다.

"나, 엄마랑 (가리키며) 저기, 가본 적 있어. 엄마는 빨래 돌리고, 나는 게임했어."

"나는 아빠 옷, 내 옷, 비개(베개) 빨았다."

"어, (가리키며) 토이랜드(장난감 가게)다."

"나, 토이랜드 많이 가봤어."

"난 이십 번 가봤어."

"난 백 번 가봤어."

치악고등학교 모퉁이를 돌자마자 세차장이 나타난다.

"나, (가리키며) 저거 해봤어. 아빠 차 타고 와서 아빠 차에 물뿌리고 했어."

"나도 (가리키며) 저거 천백번 했어."

아이들은 자주 동네 한 바퀴 산책놀이를 나갑니다. 신체와 정신적 건강을 위해서입니다. 산책놀이에서 생생한 언어가 오갑니다. 보이는 많은 것에 개인적 경험을 자유롭게 드러냅니다. 교사는 그것을 알기에 아이들을 위해 기꺼이 시간과 공간을 내어줍니다. 아이들은 자랑이 끝도 한도 없습니다. 가끔 허풍쟁이 같습니다. 부풀려 이야기하다 주먹다짐으로 이어지기도 합니다. 그러나 빵빵했던 풍선의 바람이 스르륵 빠지는 것처럼 친구를 때리려고 쥐었던 주먹을 스스로 풀기도 하고, 소리를 지르다가도 이내 멈추고 서로 마주보고 웃습니다. "허풍이 너무 센 걸." 인정하고 부끄러워하면서 말입니다. 아이들은 신기한 물건, 맛있는 음식, 심지어는 이모, 삼촌, 형, 누나도 만만 개나 집에 있다고 할 때도 있습니다. 아이들의 심리를 아는 어른인 나는 이러한 상황이 참 즐겁습니다.

사귄다고 쪼그만 녀석들이요?

일곱 살, 아이 두 명이 등원하자마자 놀이터로 간다. 가을바람이 깜짝 놀랄 정도로 땀을 흘리며 노는 아이들 사이에 두 아이는 의자에 앉아 서로 가까이 바라보며 웃고 있다.

"원장선생님, 우리는 사귀는 사이예요."
"사귀는 게 뭘까?"
"결혼하는 거요."
"뽀뽀도 할 수 있어요."
"결혼은 참 좋은 건데 너희도 알아냈구나."
"애랑 걸어가는 게 참 좋아요."
"놀이터에 손잡고 걸어가면 참 좋아요."
"오래오래 사랑하며 살렴."
"이천이천 일까지 살 거예요."
"이천이천 일 이천이천 일 두 번까지요."

아이들의 사랑이야기에 설레시죠? 나의 찐사랑을 떠올려보세요. 오늘은 나의 반쪽이에게 풋풋한 마음으로 사랑을 표현해 보세요.

아이들의 짧고도 아름다운 사랑 이야기입니다. 사랑에 있어 아이들은 맑고 깨끗하고, 간단하고, 명확하고, 변명하지 않습니다. 좋아하는 감정을 그냥 그대로 드러냅니다. 그렇다고 섬세함이 빠지지 않습니다. 아이들은 언제 어디서든지 밝은 표정과 고갯짓, 명확한 어휘로 교감을 합니다. 사랑이란 감정은 어른과 아이가 참 많이 닮아 있습니다. 사랑이 싹트면 거리를 밀착합니다. 그리고 유치원 일과시간 내내 많은 시간을 함께합니다. 놀잇감, 그림책, 간식 등 많은 것을 아낌없이 공유하고 나눕니다. 나는 일 년 열두 달 중에서 시원한 바람과 따뜻한 햇살이 충만한 10월을 가장 좋아합니다. 쪼그만 녀석들의 사랑 덕분에 가을이 더 좋아질 듯 싶습니다.

김치랑 밥이랑 다 먹어야 하는 이유

다섯 살, 아이가 미술 영역에서 그림을 그린다. 스케치북 가운데에는 지구가 커다랗게 그려져 있고 그 주변에는 크고 작은 개미가 여러 마리 그려져 있다.

"(그림을 보여주며) 선생님, 이것 봐요. 내가 지구를 그렸어요."

"빨간 지구네."

"우리가 김치를 남겨서 지구가 빨갛게 변했어요. (가리키며) 개미가 아프대요."

"어쩌면 좋지?"

"(스케치북 가장자리에 x를 그리며) 남기면 안 돼요."

몇 분이 지난 뒤,

"(그림을 보여주며) 이제 지구가 초록색으로 돌아왔어요."

"돌아왔구나."

"우리가 김치랑 밥을 다 먹어서 돌아왔어요. (스케치북에 웃는 모습을 그리며) 지구가 이제 웃어요."

교사는 흐뭇한 표정을 지으며 "나도 김치랑 밥이랑 다 먹어야지. 초록지구가 될 수 있게."라고 말한다.

아이들은 4주째, 개미에 대해 궁금증을 가지고 놀이를 펼쳐나갑니다. 긴 시간으로 이어지는 것은 아이들이 흥미를 지속하고 있기 때문입니다. 아이들은 유치원에서뿐만 아니라 가정으로 돌아가서도 즐거움을 지속하고 있습니다. 그렇게 생각하는 이유는 지구라는 단어는 아이 입에서 처음으로 나온 단어고, 교사가 수업 중에 언급한 단어가 아니기 때문입니다. 흥미는 끝없는 바다 같습니다. 이어지고 이어지고 또 이어집니다. 개미에서 지구로 연결되는 걸 보면 분명 그렇습니다. 아이들에게 있어 흥미는 본능이며, 생명입니다. 사전에서 흥미는 '새롭고 신기한 것을 좋아하거나 모르는 것을 알고 싶어 하는 마음'으로 정의합니다. 어른들은 아이들을 주의를 기울이지 못하는, 금방 주의가 흐트러지는 존재라고 말합니다. 내가 아는 한 전혀 그렇지 않습니다. 때로는 '바닷속에 냉장고가 많다.'라고 엉뚱한 이야기를 늘어놓는 것처럼 보이지만 오래 보고 있으면 그렇지 않다는 것을 알게 됩니다. 실제로 바다에서 사람들이 무분별하게 버린 냉장고를 발견하는 일이 생기니까요. 아이들에겐 바다 같은 깊고 넓은 호기심이 있습니다. 어떤 자세로 노를 젓고, 어떤 방식으로 건너고 있는지 아이들에게 맡겨두고 살펴보는 어른이 필요합니다. 아이들을 무조건 믿어주는 그런 어른이면 참 좋겠습니다.

TIP --

아이들의 상상력에 '옳다', '그르다'는 없습니다. 아이들은 밥처럼 매일 상상을 하며 쑥쑥 성장하니까요. 어른들이 자꾸 참견하면 밥을 안 먹는 아이로 변하게 될 거니까 조심하세요.

지금, 여기에 함께 사는 아이들

일곱 살, 아이 두 명이 패드에 그림을 그린다.

"자메이카 국기 만들 수 있냐?"

"몰라."

"이번 올림픽에 자메이카 나왔는데."

"우리나라 국기는 아는데."

"육상에서 금메달을 땄어. 자메이카는 육상에 예민해."

"어, 우리나라도 올림픽에 잘했는데. 옛날에 엄청 예민했는데."

"(패드에 그리며) 이렇게 이렇게 아주 쉬워. 자메이카 국기."

"(패드에 그리며) 이렇게 이렇게 휴우 어렵네. 우리나라 국기."

올림픽은 세계에서 유일한 진정한 글로벌, 멀티 스포츠, 높은 명성의 대회입니다. 올림픽은 동계 올림픽과 하계 올림픽으로 나뉘며 전세계에서 200개가 넘는 나라가 400여개 종목에 참가해 경쟁하고, 서로에게 감동을 주며, 하나 되는 대회입니다. 아이들도 현시대, 지금 여기에 함께 사는 존재임을 잊지마세요.

어른들은 아이가 미래의 꿈나무라고 표현합니다. 아이들을 표현할 때 현재를 말하기보다는 미래를 위한 존재인 양 말합니다. 아이들은 현재, 지금 일어나고 있는 일에 예민하게 반응하는 존재인데 말입니다. 올해(2021년)는 2020도쿄올림픽이 개최된 해입니다. 2020년에 개최되었어야 하지만 펜데믹인 코로나로 21년 7월 23부터 8월 8일까지 진행되었습니다. 아이들은 이러한 상황도 잘 알고 있습니다. 뿐만 아니라 현재 내가 살고 있는 아파트에 문제점이 무엇인지, 우리 동네의 공원 활용도는 어떤지, 나라마다 자연재해로 얼마나 어려움을 겪는지, 이번 올림픽에 참가한 나라 이름과 나라마다의 능력이 무엇인지, 그 외에도 많은 관심을 가지고 있습니다. 아이들은 미래뿐만 아니라 현재에도 관심을 한 보따리 가지고 있습니다. 아이들은 어른들과 함께 살아가는 동반자이고, 현재 여기에 있는 사람들임을 기억해 주면 좋겠습니다.

시대의 이슈, 코로나

일곱 살, 아이들이 미술 영역과 언어 영역을 바쁘게 오가며 꼼지락꼼지락 뭔가를 만들며 깔깔 웃는다.

"예주야, 여기에, 붙여야지."

"예영아, 여기도, 찢어지지 않게."

"짜잔. 선생님, 이게 뭐게요?"

"뭘까? 동물들이 왜 입을 가렸어?"

"선생님, 이거 몰라요? 동물들도 코로나 걸리면 안 되잖아요. 얘네도 코로나가 무섭대요."

아이들은 '코로나 물러가라.'고 쓴다. 쓴 글자를 딱딱한 재질의 큰 종이에 붙여서 피켓처럼 들고 교실 여기저기를 돌아다니며 큰 소리로 말한다.

"코로나 물러가라."

코로나는 우리의 삶에 가까이 있습니다. 어른들의 삶에도, 아이들 삶에도 있습니다. 아이들은 놀이 속에 코로나의 일상을 드러냅니다. 손 씻기, 밥 먹을 때는 말없이 등의 일상생활에서의 방역수칙이 수시로 등장합니다. 아이들은 코로나 현실을 괴로워하고 원망하지 않습니다. 그 자리에서 무기력하게 주저앉아 포기하는 대신 앞으로 나아가 어떻게 대처해야 할지 생각해내고 맙니다. 그것도 웃음을 잃지 않고 말입니다. 아이들은 무서운 코로나를 대처하는 확실한 방법으로 마스크 쓰기라 생각하나 봅니다. 그래서 동물들에게 마스크를 씌워 코로나로부터 도와주고 싶습니다. 아이들은 코로나로부터 동물을 지켜냅니다. 이러한 힘은 어디서 나왔을까요. 요런 깜찍한 생각은 언제부터 했을까요. 아이는 사전에서 '나이가 어린 사람'으로 정의합니다. 아이가 어떻게 이런 진지한 생각을 할 수 있을까요. 아이를 가장한 어른 아닐까요. 애어른.

놀면서 크는 우리 아이들

내가 사는 동네는 단구동

일곱 살, 아이들과 동그랗게 앉아 "내가 사는 동네 이름은 뭘까?" 교사는 질문합니다. 아이들은 자신감 넘치는 목소리로 "나는 현진 1차, 나는 중앙하이츠, 나는 푸른숲 4차." 등 사는 곳으로 대답합니다. "우리 유치원이 있는 동네는 단구동이야."라고 교사는 살짝 힌트를 줍니다. 아이들은 "어, 현진 4차도 단구동이에요? 푸른숲 4차 사는데 거기는 어떤 동네예요?"라고 묻습니다. 컴퓨터를 통해 푸른숲 4차를 검색하자 검색창에 반곡동이 나타납니다. 아이들이 사는 동네는 반곡동, 관설동, 가곡리, 개운동, 단계동입니다. 아이들은 자신들이 사는 동네 이름을 크게 쓰고 동네 여기저기를 스케치북에 그립니다. 다음날 한 아이가 묻습니다. "선생님 내가 사는 동네가 뭐였죠?" 교사는 "글쎄 뭐였더라."라고 말합니다. 교사는 아이 옆에서 아이가 스스로 알아내기를 조용히 기다려줍니다. 아이는 "아하" 하며 자신의 서랍장을 향합니다. 스케치북을 펼쳐 단구동임을 알아내고 빠르게 뒤돌아섭니다. 교사를 향해 함박웃음을 지으며 "단구동이에요."라고 큰 소리로 말합니다.

아이들은 어른에게 시도 때도 없이 질문을 합니다. 눈치가 없어 그러는 것은 아닙니다. 질문은 무엇인가 알아가려고 하는 주도적인 행동입니다. 적극적으로 세상을 알아가기 위해 그러는 것이지요. 그래서 아이들은 질문하고, 돌아서면 또 질문하고 하는 것입니다. 어른들은 자녀들을 주도적인 사람으로 키우려고 무던히도 노력합니다. 미래가 그러한 인재를 필요로 한다는 것을 알고 있기 때문입니다. 그렇다면 어른들은 아이들의 질문에 관심을 쏟아야만 합니다. 쏟지 않으면 결과는 없습니다. 교사는 아이가 스스로 '단구동'임을 알기를 바랍니다. 그래서 살짝 관심을 주고 기다려줍니다. 선생님의 기다림은 아이 스스로 알아차리는 기쁨을 선사합니다. 어른들은 궁금해 하는 아이들에게 빠르게 답을 주는 사람이 좋은 어른이라고 생각합니다. 그러나 아이들은 질문에 바로 대답해주는 어른보다 자신들이 해결할 수 있도록 도와주고 기다려주는 어른을 좋아합니다. 우리 선생님처럼 말입니다.

알고 있는 건, 다 해 보는 거야

다섯 살, 아이 세 명이 역할 영역에서 요리를 한다.

"(식탁에 빵과 포크를 올려놓다가 두 손을 입가에 대고 큰소리로) 불이야.
불이야."

"(다른 아이들도 큰소리로) 불이야."

"(지나가는 아이에게) 빨리 119에 전화해."

"(놀잇감전화기를 귀에 대고) 요리하다가 불이 났어요. 빨리 오세요.
2층이에요."

"(조미료통으로 불을 끄는척하며) 칙~칙~ 119도 불나서 못 온대. 내가
전화해 봤어."

"(큰소리로) 얘들아, 지진도 났어. 빨리 안전한 곳으로 대피해."

"(머리 위를 손으로 가리고 도서관으로 뛰어나가며) 불이야. 지진이야."

"(큰 책상 아래로 들어가며) 모두 들어와. 여기로."

"(빠르게 들어가 앉으며) 여기로 더 들어와."

유치원 교육과정에는 연간 51차시의 안전교육을 시행하여야만 합니다. 교육 덕분인지 안전은 아이들의 놀이에 자주 등장하는 소재입니다. 아이들의 놀이를 자세히 들여다보면 한 가지 주제로 깊이 놀이할 때도 있지만 두 가지 이상의 주제를 참 묘하게 연결하여 놀이합니다. 놀 줄 아는 아이들입니다. 현실에서 불과 지진이 만나면 대참사가 벌어집니다. 아이들은 대참사를 설정하지만 놀이에서 어느 누구도 다치지 않게 모두의 안전을 위해 협동합니다. 영화 속 감동 장면을 그대로 보는 것 같습니다. 요리하는 아이, 타인에게 알리는 아이, 119에 전화하는 아이, 불을 끄는 아이, 안전한 장소로 대피를 유도하는 아이 모두가 한마음입니다. 한마음은 해결 못할 것이 없습니다. 모두 대피에 성공합니다. 아이들은 자기의 앎에 타인의 앎을 수용하면서 해결이라는 꽃을 피웁니다. 어느 누가 아이들의 놀이가 유치하다고 할 수 있을까요.

위험하면 언제든지 달려갈게

다섯 살, 아이 두 명이 자석블록 자동차를 만들어 책상 위에서 놀이한다.

"출동 발생, 출동 발생."

"부릉부릉."

"불이 났어. 여기야. 불이 났어. 뜨거워."

"(자동차를 긴 직사각형모양으로 변형하여) 내가 물을 뿌려볼게. 물. 피웅-치-칙. 내가 해줬지? 불 꺼졌어."

"이제 꺼졌어?"

"응. 또 위험하면 언제든지 달려갈게."

아이들은 거침없이 행동합니다. 아무것도 만들어지지 않은 놀잇감으로 무엇인가를 만들어 내는 것에도, 만들어 낸 놀잇감으로 초 단위로 이야기를 창작하는 것에도 말입니다. 뿐만 아니라 언제, 어디서든 어려움이 있을 때마다 나타나 해결하는 히어로처럼 임무를 거뜬히 해결해 내는 일에도 주저하지 않습니다. 아이들은 내 앞에 뜨거운 불이 있는 것처럼 생생한 표정을 짓습니다. 생생한 놀이는 불을 끄도록 행동하게 합니다. 아이들은 신속하게 자동차를 변형하여 물 호스를 만들고, 소방관이 되어 불을 끕니다. 이 귀여운 일화에는 중요한 사실이 담겨 있습니다. 아이들은 놀이 시간과 놀이 공간이 자유롭다면, 어른들의 강압적인 지도와 제재를 최소화한다면, 공감을 해 줄 친구가 있다면, 언제라도 마술사가 되어 역할에 맞는 기량을 발휘한다는 사실입니다.

TIP

우리는 경험의 중요성을 알고 있습니다. 보거나 듣거나 느끼는 경험을 통해 지식이나 기능을 얻고, 세상의 이치를 깨닫고, 식지 않는 동기, 열정을 발견하게 될 것이기 때문입니다. 아이들은 각자의 경험으로 놀이의 과정에 적극적으로 임합니다. 놀이 과정에서 아이마다의 다양한 욕구와 개성을 드러냅니다. 이는 직접경험을 많이 해야 하는 이유인것이지요. 아이의 경험쌓기, 부모의 기쁨이 되길 바랍니다.

그림책과 마주하는 비범함

다섯 살 시인

여섯 살, 아이들이 벽에 걸린 여러 장의 꽃사진을 관찰하며 이야기를 나눈다.

"(개나리를 가리키며) 어, 이거 바나나껍질 꽃이다."
"와, 정말 바나나가 매달린 것 같은데."
"(산수유를 가리키며) 이거는 계란 노른자 꽃이다."
"노란 옥수수꽃이야."
"아하, 그렇게도 보이는구나!" 교사는 놀란 듯이 말한다.
"(흰 목련을 가리키며) 이거는 얼음꽃, 꽝꽝 언 얼음꽃이네."
"엄청 큰 팝콘꽃이야."

유아들은 시인입니다. 직유, 은유의 대가들입니다. 사물을 빗대어 표현하는 능력은 어디서 배웠을까요. 사전에서는 은유란 '사물의 상태나 움직임을 암시적으로 나타내는 수사법'으로 정의합니다. 다섯 살 아이들에게 내가 아는 한 교사는 은유를 가르치지 않았습니다.

놀면서 크는 우리 아이들

아이들은 개나리를 바나나껍질꽃으로, 산수유를 계란 노른자꽃으로, 흰 목련을 얼음꽃, 꽝꽝얼음꽃, 엄청 큰 팝콘꽃으로 표현합니다. 이렇게 기똥찬 표현은 아이들 세계에서 넘쳐납니다. 나는 감성이 충만한 아이들에게 감성을 가르치려고 했다면 '어떻게 됐을까?'라고 생각해봅니다. 아찔합니다. 그러나 걱정할 필요가 없습니다. 아이들이 감성을 그대로를 경청하고, 인정해주시는 선생님을 만났으니 말입니다. 아이들은 참 좋겠습니다. 여기저기 만발한 꽃처럼 여기저기 좋은 선생님들이 많아서 정말 좋겠습니다.

 TIP

누군가로부터 인정받은 경험은 등불처럼 아이의 마음에 따스함을 남기게 될꺼예요.

석가탑과 균형

일곱 살, 아이들이 열두 개의 컵을 붙여놓고 그 위로 그림책을 올린다. 그림책 위에 다시 열두 개의 컵을 올린다.

"가슴 높이야. 어깨 높이까지 하면 될 것 같아."

"(그림책을 건네며) 이거 올려."

"이렇게 쌓으면 안 돼. 이거 버려. 너무 작아."

"(새 그림책을 컵 위에 올리며) 이 정도면 됐지?"

"컵 네 개씩 올려. (컵을 올리며) 컵 한 개가 모자라, 컵 한 개가."

"(블록을 건네며) 이걸로."

"(대어보며) 이건 쪼만해서 안 돼."

"(빠르게 새로운 놀잇감을 올려 대어보며) 어, 이거 작네."

"(빠르게 새로운 놀잇감을 올려 대어보며) 여기가 안 맞아. 잠깐만."

"(빠르게 새로운 놀잇감을 올려 대어보며) 안 맞아, 안 맞아."

"한 개가 없어서, 컵 한 개가 모자라."

"(작은 블록 여러 개를 겹쳐 올리며) 이거는."

　　　　　　　　　　　　　　　놀면서 크는 우리 아이들

"오, 이젠 됐다."

"이젠 높게 높게."

"(자석블록을 길게 붙여 올리며) 와~ 성공!"

"1층 2층 … 12층. 와~~ 석가탑 완성."

아이들에게는 행복한 재능이 있습니다. 놀기의 달인입니다. 노는 방법을 그 누구보다 잘 알고 있습니다. 사전적 의미에서 재능은 '어떤 일을 하는 데 필요한 재주와 능력'을 말합니다. 아이들은 그림책과 컵을 쌓아올리며 석가탑을 만듭니다. 석가탑은 경주 불국사에 있는 통일신라시대 문화재, 국보 제21호입니다. 어른들에게 아사달과 아사녀의 슬픈 설화로 유명해진 석탑입니다. 아이들은 슬픈 사랑 이야기는 모릅니다. 물론, 균형과 반복이라는 어휘도 모릅니다. 그러나 아이들은 그림책 쌓기놀이를 하며 반복과 오묘한 균형을 발견합니다. 그림책 가장자리에 놓여야 할 한 개의 컵이 석가탑 만들기에 아주 중요함을 찾아냅니다. 컵을 대신할 만한 것을, 높이가 딱 맞아야 하는 것을, 오차가 0이어야 하는 것을 발견해야 하는 아이들은 수없이 높이 재기를 반복합니다. 아이 중 누구 하나 짜증이 없습니다. 놀기의 달인이기 때문입니다. 결국 12층 석가탑 만들기에 성공합니다. 재능이라 하지 않을 수 없습니다.

TIP --

아이들은 몇 시간이든 며칠이든 행동을 반복합니다. 지루해질 때까지 몰두하고 만족감을 느끼게 되면 또 다른 도전을 시작하지요. 스스로 하고 싶은일을 찾아냈을 때, 즉시, 반기며, 적극적으로 지지해주세요. 할 수 있다는 자신감이 생겨 자신을 사랑하게 될꺼니까요.

놀면서 크는 우리 아이들

그림책의 쓰임

일곱 살, 아이들이 그림책을 쌓았다 무너뜨렸다 한다.

"이건 아니야. 두꺼운 걸로."
"여기."
"아니야. 좀 더 큰 걸로."
"여기."
"좀 더 세워."
"이렇게?"
"무너질 것 같은데."
"더 넓게 펴. 그거 그거."
"그거 세 장쯤 살살 펴."
"와~ 도서관 완성."
"(와르르 무너진다) 이번에 얇은 이걸 빼자."
"우~~와, 완성."

그림책, 하면 무엇이 생각나시나요? 그림책으로 무엇을 할 수 있을까요? 음~ 읽고, 쓰고, 듣고, 말하기를 할 수 있겠죠. 더는 없을까요? 창의적인 뭐가 없을까요? 아이들은 그림책으로 도서관을 만듭니다. 도서관 서고에 가지런히 진열되어 있어야 할 그림책으로 말이지요. 아이들은 그림책을 길고 높게 쌓아 올립니다. 높고 긴 서고를 만들어야 하니까요. 완성된 서고 사이사이로 그림책을 넣으려고 노력합니다. 이 창의적인 발상에 놀라지 않을 수 없습니다. 한순간 와르르르 무너집니다. 무너지는 그 순간, "이번에 얇은 이걸 빼자."라며 튼튼한 도서관을 만들 방안을 내놓습니다. 그림책으로 도서관을 만드는 이런 생각, 참 재미있는 발상입니다. 나는 아주 오래전 교사 시절, 아이들에게 '그림책은 앉아서 조용히 읽어야 한다.'라고 강조, 강요했던 때가 기억납니다. '왜 그랬을까.' 후회가 밀려옵니다. 아마도 그때는 그림책을 읽는 도구로만 생각한 어른이었을 테지요. 아이들의 창의성을 존중하려 들지 않았나 봅니다. 아이들도 '그림책은 읽는 것'이라는 공식쯤은 알고 있었을 텐데 말입니다. 지금의 나는 아이들과 함께 그림책을 높이 쌓아올립니다. 문해의 즐거움뿐만 아니라 그 이상의 흥미가 생겨 그림책을 쌓는다는 것을 이해하기 때문입니다. 아이들은 그림책을 쌓으며 얇음, 두꺼움, 큼, 작음, 각도 등 미세한 차이를 알아냅니다. 그 차이가 튼튼한 도서관을 만든다는 것을 알아냅니다. 아이들은 주도적입니다. 하고자 하는 것에 귀찮아하지 않습니다. 할 수 있는 일, 하고 싶은 일을 스스로 척척 알아서 해냅니다. 친구와 서로 도우며 말입니다.

　　　　　　　　　　　　　　　　　　　　놀면서 크는 우리 아이들

그림책은 탑쌓기놀이가 가능합니다. 탑을 쌓기 위해서는 한 권 한 권 앞표지를 보게 되지요. 뿐만아니라 질감, 무게, 크기 등도 살펴야 합니다. 그 과정에서 글, 그림에 집중되기도 하고, 균형, 몰입도 알게 됩니다. 아이들에게 그림책을 바르게 앉아 읽는 것으로만 강요하지 않으셨으면 합니다.

익살꾸러기 아이들

여섯 살, 아이들이 『첫말 잇기 동시집』을 바닥에 펼쳐놓고 함께 큰 소리로 읽는다. 한 유아가 웃으며 말한다.

"하하하하. 돌고래가 돌잔치를 한다고?"

"돌잔치가 뭔데?"

"그거, 생일날이랑 똑같은 거."

"(글을 읽으며) 돌고래 돌잔치 선물로 뭘 사 줄까?"

"백상아리. 하하하."

"그걸 주면 어떻게 하냐?"

"선물상자를 열다 놀래서 꼬리 빠지게 도망가겠지. 으하하하."

"야, 생일인데 좋아하는 걸 줘야지."

"야, 빨리 도망가다 더 빨리 지느러미를 흔들다가 세지잖아. 그러면 그 바다에 최고 힘 쎄지겠지. 하하하."

"그러네. 하하하."

놀면서 크는 우리 아이들

동시, 『돌고래 돌잔치』는 돌잔치를 맞이한 돌고래에게 좋아하는 멸치, 꽁치를 선물해야 하지만 잡아먹힐 수밖에 없는 처지에 놓인 물고기들이 불쌍해 결국 돌멩이를 선물로 줄 수밖에 없는 상황이라서 돌고래가 불쌍하다는 이야기입니다. 아이들은 글과 그림으로 이야기를 이해합니다. 아이들은 이해가 되었기에 크게 웃습니다. 동시란 '어린이를 독자로 예상하고 어린이의 정서를 읊은 시'입니다. 아이들은 작가의 의도를 읽어냅니다. 그래서 참 재미있습니다. 작가가 아이도 아닌데 아이들의 익살스러운 정서를 어떻게 알았을까요. 작가가 아이 같은 어른인가 봅니다. 혹시 작가가 아이 아닐까요. 아이들은 또 다른 작가가 되어 돌고래에게 백상아리를 선물로 주고 싶습니다. 좋아하지 않을, 절대 사양할 선물임을 알고 있기에 더 그런 것이지요. 선물상자를 열자마자 기절초풍할 고래가 그려지기 때문입니다. 아이들은 재치와 위트가 넘치는 익살꾸러기입니다. 너무나도 사랑스럽습니다.

 TIP

동시는 어린이들을 생동감 있는 예술세계로 이끌어 나갑니다. 제대로 된 동시는 어린이들의 세계와 마음속에 공감을 불러일으켜 읽으면서 즐겁습니다. 아이들이 즐거워 할 동시 몇 편 외워 두시는 건 어떨까요?

꾀돌이 아이들

일곱 살, 아이들이 며칠째 『어메이징 물속 애니멀』 그림책을 읽는다. 교실 벽면에 다양한 모습의 바다물고기를 그려 붙인다. 시간이 점차 흐르면서 심해관. 상어관, 남극관, 민물고기관이라고 글씨를 써서 붙이고, 관에 어울리게 물고기 그림을 옮겨 붙인다. 더 시간이 지나자 교실 입구에 '아쿠아리움'이라 글을 써서 붙인다.

"(잘게 자른 종이 조각이 들어있는 우유갑 입구를 벌려 안을 보여주며) 이거 안에 썬 거, 여기에 넣은 거 이거 뭐게?"

"고등어."

"힌트. 고양이가 최고로 좋아하는 거?"

"멸치."

"아니, 연어잖아. 고양이는 (교실 벽면에 그려 붙인 물고기를 가리키며) 이거 다 좋아하는데. 마지막으로 연어 선물로 주고 그다음에는 절대 안 돼."

"(심해관 가운데 붙여놓은 글씨를 또박또박 읽으며) 물고기들이 고양이를 죽인다. 야, 물고기가 고양이를 어떻게 죽이냐?"

"그러니까, 고양이가 얘네 얕잡아보고 먹을까 봐. 겁주려고. 고양이가 이거 보고 오지 말라고!"

"어, 그렇네."

"(한쪽 벽에 붙어있는 작은 상자를 가리키며) 고양이 밥은 여기에 있고. 여기 사료. 고양이가 이것만 먹어야 하는데."

"저기 민물고기 몇 마리는 주자. 안 그러면 얘네 다 먹힐 수 있어."

"오~ 좋은 생각인데. 하루에 한 마리만."

아이들의 놀이 소재에는 애완동물들이 많습니다. 특히 개나 고양이는 단골손님입니다. 고양이에게 마지막으로 물고기를 먹이로 주고자 합니다. 정성을 다해 그래서 벽면에 붙여놓은 다른 물고기는 주고 싶지 않기 때문입니다. 좋아하는 고양이라도 말입니다. 고양이에게 제일 좋아하는 연어를 선물하기로 합니다. 연어를 잘게 썰어 고양이가 먹기 편하게 우유갑에 넣어줍니다. 고양이가 다시는 우리 반 친구들이 만든 물고기를 먹지 않기를 바라봅니다. 아이는 고양이가 생선을 좋아한다는 습성을 잘 알기에 불안합니다. 그래서 '물고기들이 고양이를 죽인다.'라는 무시무시한 글을 써서 붙입니다. 겁주려고 말입니다. 아이는 고양이를 위한 사료통을 아쿠아리움 벽에 붙여줍니다. 제가 보기에는 아쿠아리움에는 전혀 어울리지 않는 상자인데도 말입니다. 아이들은 고양이가 사료로 만족하지 않을 것이라 생각하고 묘안을 생각해냅니다. 아이들은 아끼는 물고기가 다 먹히기 전에 매일매일 민물고기 한 마리씩은 주기로 결정합니다. 끝까지 바닷물고기는 주고 싶지 않나 봅니다. 꾀돌이 아이들과 함께 하는 나의 일상은 매순간 감동입니다.

배려는 내 마음에 있어요

다섯 살, 아이가 책장에서 그림책을 뒤적뒤적한다. 한 권의 그림
책을 골라 쿠션에 기대어 앉는다. 두 명의 또래가 가까이 다가가 앉
는다.

"(주인공이 엘리베이터에서 점프하는 장면을 가리키며) 와하하하 재밌다."

"(장면을 가까이 보며) 그러면 안 돼."

"위험해. 얼음, 얼음('얼음'은 유아들 세상에서는 그대로 멈춘다는 뜻)."

"(화면을 넘겨 주인공이 엘리베이터 버튼을 마구 누르는 장면을 가리키며)
하하하."

"안 돼. 사람들이 불편해."

"(장면을 앞으로 넘겨 가리키며) 와하하하."

"엘리베이터는 줄로 연결되어 있어. 그래서 뛰면 큰일 나. (벌떡 일
어나 두 손을 배꼽에 모으며) 배꼽 척척. 얼음. 엘리베이터 탈 때는 이
렇게 해야지. 그래야 아줌마가 안전해."

"(따라 하며) 맞아. 배꼽 척척. 얼음. 하하하."

아이들은 교사와 함께 2층에서 4층으로 이동하려고 엘리베이터를 탄다.

"배꼽 척척. 얼음. 하하하하."

교사는 미소 지으며 아이들의 말과 행동을 따라 한다.

"배꼽 척척. 얼음."

 TIP

> 아이들은 그림책 속 주인공을 통해 일상생활의 규칙을 확인합니다. 또한 규칙을 많이 알고 지키고 있습니다. 좀 더 많은 어른들의 인정이 필요합니다.

아이들은 청개구리 나라의 주인공입니다. '벌을 만지면 위험해.'라고 알려주지만 벌침을 따끔하게 맛을 본 후 병원에 가는 일이 종종 생기니까 말입니다. 또한 '가위는 종이를 자르는 거야.'라고 알려주지만 자기 머리카락을 쌍둥 자르고 거울을 보고 흐뭇해하는 걸 보면 분명 그렇습니다. 그러나 이면에는 진지하고, 우아하고, 점잖을 때도 있습니다. 아이들은 엘리베이터라는 작은 공간에서 해야 하는 일과 하지 말아야 하는 일을 알고 있습니다. 그림책 속의 주인공은 엘리베이터 안에서 구르고, 뛰고, 버튼을 마구 누릅니다. 우리가 실제로 하지 말아야 하는 일을 신나게 하고 있습니다. 그런 장면이 그림책을 읽는 아이에게 큰 웃음을 선사해 줍니다. 아이들은 또래와 그림책을 읽으며 왁자지껄 개구쟁이 모습을 보이지만 실제 엘리베이터 안에서는 이내 배움을 기억해 내고 '똑'소리나게 예절을 지킵니다. 점잖은 신사처럼 말입니다. 배려란 '도와주거나 보살펴 주려고 마음을 쓰다.'라는 뜻입니다. 다섯 살, 어리고 여린 마음에는 나쁜만 아니라 다른 사람들을 배려하는 마음이 들어있습니다. 한가득 말이죠.

그림책과 말하는 아이들

여섯 살, 아이 두 명이 복도 벽에 붙은 그림을 아주 가까이 서서 한참 동안 바라본다. 벽에는 『의좋은 형제』 그림책의 '엄지와 검지를 펴고 팔을 쭉 뻗고 있는', '미소 짓고 있는 달님' 그림이 확대되어 붙어 있다.

"(큰소리로) 가위, 바위, 보. (주먹을 낸다) 하하, 내가 이겼네."
"저기를 가리키는 거 같은데?"
"어, 달님이 기분이 좋은가 봐."
"왜 웃지?"
"토끼랑 만나려고 기뻐서 웃고 있는 거 같은데…"
"달님이 친구들이 먹는 거 보면서 잘 먹는구나! 하는 것 같은데? 봐봐. (달님과 같은 표정을 지으며 교실 안을 쳐다보며) 이렇게 딱 다 보잖아."
(아이는 색종이로 대문 접기를 한 후 가운데에 '달님의 비밀의 문'이라고 쓰고 '달님 그림' 위쪽으로 붙인다)

"(가리키며) 이거 뭐야?"

"오늘 우리가 유치원에 왔고, 내일이면 쉬잖아. 그때 달님은 이 문으로 들어가서 사라졌다가 우리가 오는 날 다시 여기로 나오는 거야. 이건 비밀의 문이야."

"아아~ 그래서 이문으로 들어가서 우리 집에서 달이 보이는 거구나."

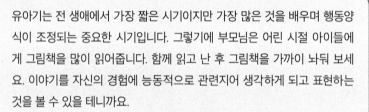

유아기는 전 생애에서 가장 짧은 시기이지만 가장 많은 것을 배우며 행동양식이 조정되는 중요한 시기입니다. 그렇기에 부모님은 어린 시절 아이들에게 그림책을 많이 읽어줍니다. 함께 읽고 난 후 그림책을 가까이 놔둬 보세요. 이야기를 자신의 경험에 능동적으로 관련지어 생각하게 되고 표현하는 것을 볼 수 있을 테니까요.

유아들이 그림책과 만나 즐기는 방법은 놀랍습니다. 그림을 주의 깊게 살펴보면서 그림마다 담긴 이야기를 만들어 갑니다. 등장인물과 실제로 '가위바위보'를 하기도 하고 '내가 이겼네.'라며 대화를 시도하기도 합니다. 아이들은 어느 누구와도 대화가 술술되는 재잿덩어리입니다. 아이들은 그림에 머물면서 달님이 '비밀의 문'을 통해 사라졌다가 다시 나타나는 환상의 이야기를 만들어 냅니다. 나는 아이들의 이야기를 들으면서 달님이 '비밀의 문'을 통과해 오늘 밤엔 우리 집 창문 너머로 놀러 오겠지.'라고 상상해 봅니다. 상상은 어른인 나를 미소 짓게 만듭니다. 그림마다 숨어 있는 이야기를 용케도 찾아내어 대화하는 아이들을 보면서 내일은 또 어떤 이야기를 찾아내고 재미난 이야기를 만들어 낼지 기대됩니다.

그림책 퀴즈놀이

일곱 살, 아이 둘이서 그림책을 펼쳤다 접었다 한다.

"여기, 이 페이지에는 새가 몇 마리 있을까요?"

"여섯 마리."

"땡."

"열 마리."

"그거보다 다운 다운."

"정답. 여덟 마리."

"땡, 그것보다 더 다운."

"다섯 마리."

"딩동댕동."

"그럼 예쁜이의 치마와 저고리 색깔은?"

"초록색, 보라색."

"땡."

"핑크색, 초록색."

"딩동댕동."

아이들은 책장을 넘기며 퀴즈 놀이는 계속된다.

아이들은 다양한 방법으로 그림책을 읽습니다. 스스로 읽기도 하고, 교사나 친구에게 읽어달라고 하기도 합니다. 그림만, 글만, 그림과 글을 번갈아 가면서 읽기도 하고, 한 장에서 머물기도 하고, 순서대로 넘기기도 하고, 앞과 뒤를 왔다 갔다 하면서 읽기도 합니다. 아이들은 반복읽기를 하면서 자연스럽게 스토리 구조를 이해합니다. 이해는 더 큰 재미로 이어집니다. 아이들은 그림책 속 작고 큰 등장인물을 발견해 친구와 적극적인 소통의 소재로 사용합니다. 즐거운 책읽기는 어느 순간 퀴즈놀이로 발전합니다. 그림책 속에 나온 동물은 뭐였는지? 몇 마리가 있었는지? 색깔은 뭐였는지? 계절은 언제였는지? 그림책을 샅샅이 탐구합니다. 그림책 읽기는 퀴즈놀이에서 또어떤 놀이로 이어질지 궁금합니다. 그림책 읽기가 언제 끝이 날지 참말로 궁금합니다.

 TIP

> 그림책을 충분히 볼 수 있도록 여유를 주세요. 그림을 읽든, 글을 읽든, 한 장만 읽든, 순서대로 읽든, 모두 상관없습니다. 아이들은 여유로운 시간 속에서 보고 또 보면서 그림책 한 권의 세세한 부분까지 모두 발견할 테니까요.

그림책 속 그림이네

일곱 살, 아이 세 명이 복도 벽면에 붙어있는 여러 장의 그림을 보며 이야기한다.

"어, 이거, (벽면 부엉이 그림을 가리키며) 저기 있는 거 같은데."

"어디? 뭐가?"

"(교실로 들어가며) 따라와 봐. 빨리. (그림책을 펴며) 여기 봐."

"(부엉이 그림을 보며) 이게 뭔데?"

"아니, 아까 그거 여기 책에 있잖아. 완전 똑같잖아."

"어, 진짜네. 똑같네."

"아니야, 다른데. 여기는 별똥별이 있잖아."

"(그림책을 들고 복도로 나가며) 가보자. (복도바닥에 그림책을 펼쳐놓고)"

"똑같네. 맞네. 부엉이."

"여기에 (벽면 달 그림을 가리키며) 이것도 있을 것 같은데."

"(넘긴다) 여기, 맞네. 똑같네. 달 그림도."

"우리 (벽면 참새 그림을 가리키며) 이것도 또 찾아보자."

아이들은 우연히 발견한 교실 앞 복도 벽면에 걸린 부엉이 그림을 단서로 교실에 있는 그림책을 찾아냅니다. 벽면의 다른 조각 그림을 찾아내려 그림책을 샅샅이 살펴봅니다. 아이들은 그림책 속 그림과 조각 그림을 번갈아 보면서 무엇이 같은지, 비슷한지, 다른 점은 없는지 유심히 관찰합니다. 아이들은 작은 것 하나 놓치지 않으려고 오랜 시간 그림책 속에 머뭅니다. 이런 아이들의 모습은 탐정 같습니다. 작은 단서 하나 놓치지 않고 분석하고 해결하는 이런 뚝심이 이미 탐정입니다.

 TIP --

그림책을 펼치면 아름다운 그림과 색채, 즐거움, 슬픔 등 다양한 이야기로 가득합니다. 그 가운데 그림책 속의 삽화는 아이들에게 무한한 상상력과 창의력을 줍니다. 그림책은 단순히 읽기 기능뿐 아니라 다양한 방면으로 활용할 수 있습니다. 아이가 유능함을 발휘할 수 있도록 스스로 그림책을 선택하고 읽는 기회를 주시기 바랍니다.

놀면서 크는 우리 아이들

미꾸리는 미꾸라지와 달라

여섯 살, 아이는 한 권의 그림책을 찾아 교사에게 내민다.

"선생님, 이거 읽어주세요."

"(교사는 글자를 가리키며 읽는다) 미꾸리도 고개를 내밀고 한마디했어요."

"미꾸리? 미꾸리가 뭐예요? 선생님, 잘못 읽은 거 아니에요?"

"어, (글자를 가리키며) 여기 마꾸리라고 적혀 있어서 마꾸리라고 읽었는데."

"미꾸리가 미꾸라지가 같은 건가?"

"미꾸리할 때는 미꾸, 미꾸라지할 때 미꾸, 미꾸 글자가 똑같네."

옆에서 듣고 있던 친구가 "미꾸리랑 미꾸라지는 같은 게 아니야."라고 말합니다.

"그래? 어떻게 다른지 선생님한테 말해주렴."

"나한테도 알려줘."

"내가 내일 『민물고기도감』 책 가져올게."

다음날 친구는 『민물고기도감』을 가져와서 미꾸리가 나오는 화면을 펼쳐 보인다.

"여기 봐봐. 미꾸리는 여섯 개의 수염이 있고, 10에서 14센티미터이고, 꼬리에 점이 있고, 논이나 이런 데서 살아."

"미꾸라지도 보여줘."

"(그림을 펼쳐 보이며) 여기 봐봐. 미꾸라지는 꼬리에 점이 없어 그게 달라."

"어, 누가 더 큰지 재어보자."

두 아이는 줄자로 재어보며 미꾸리와 미꾸라지의 크기를 비교한다.

아이들은 유치원 일과 중에 교사에게 그림책을 수시로 읽어달라고 말합니다. 교사는 아이들이 그림책을 선택하여 읽어주기를 주문하면 언제, 어디서든지 읽어줍니다. 아이들은 똘망똘망한 눈망울로 숨죽여 듣기도 하지만 그림책 속 작은 그림 하나, 짧은 어휘 하나를 지나치지 않고 질문을 할 때도 있습니다. 그럴 때는 읽기를 지체 없이 멈춥니다. 아이의 호기심을 존중하기 때문입니다. 아이는 '미꾸리'라는 단어에 집중되어 질문을 합니다. 교사는 읽기를 일시 정지합니다. 교사는 미꾸리와 미꾸라지의 차이를 궁금해하는 아이에게 즉시 답변하지 않습니다. 아이의 생각이 듣고 싶고, 생각해 볼 시간을 주기 위함이지요. 상황을 지켜보던 옆자리 친구가 정보가 가득 들어 있는 『민물고기도감』을 내일 집에서 가져오겠다고 말합니다. 내일까지 기다리겠다는 인내심과 책을 가져오겠다는 적극성은 어디에서 나왔을까요? 아이에게 친구는 어떤 의미일까요? 사전에서 친구란 '오래 사귄 사람, 나이가 비슷하거나 아래인 사람을 낮추거나 친근하게 이르는 말'로 정의합니다. 친구는 다음날 잊지 않고 책을 가져와 궁금해하던 친구에게 자세히 알려줍니다. 아이들의 즐거운 표정을 가까이 지켜보는 어른인 나는 저절로 웃게 됩니다. 친구란 앎을 편안하고 친근하게 알려주는 또 다른 선생님임을 아이들을 통해 알게 됩니다. 오늘부터 두 분(귀여운 녀석들)도 나의 친구입니다. 친구는 나에게 있어 보물단어입니다.

 TIP ──

> 정보와 지식은 혼동하기 쉽습니다. 사람들은 정보와 지식 사이에 미묘한 차이가 있다는 사실을 모른 채 자주 사용합니다. 전자는 누군가 또는 무언가에 대한 데이터를 처리하는 반면, 후자는 학습 및 경험을 통해 얻은 객관적이고 유용한 정보를 의미합니다. 모든 정보는 지식일 필요는 없지만 모든 지식은 정보입니다. 아이들을 그냥 놀게 한다면 정보와 놀이경험이 결합되어 지식이 단단해 질 것이며, 적절한 상황과 맥락 속에서 그 지식은 활용될 것입니다.

전통혼례를 반복하는 아이들

여섯 살, 아이들은 그림책 속 전통혼례에 관심을 갖게 되고 지난 주에 이어 전통혼례 놀이를 한다.

"오늘은 내가 신부 할래."

"그럼 내가 옷 입혀줄게. 이리로 와봐. (한복을 꺼내어 입혀준다)"

다른 아이는 남자 한복을 꺼내 입는다.

"(기러기 인형을 올려놓으며) 내가 집에서 가져왔어. 조심해야 해. 머리가 빠질 수도 있어. 살살 해야 해."

아이들은 음식을 그릇에 가득 담아 상에 올리는 등 분주하게 혼례식을 준비한다. 여러 친구가 혼례식장 가까이 앉는다.

"시작합니다. 신랑 입장 (신랑이 걸어 나온다) 신부 입장. (신부가 앞에 서고 신부의 뒤에서 다른 한 명이 한복을 잡고 함께 나온다)"

"신랑이 한 번 절해."

"(신랑이 절한다)"

"신부 두 번 절해."

"(신부가 절한다)"

"자. 혼례식은 끝났습니다. 박수 쳐주세요."

"이제 아기가 태어나야 돼! 빨리 신부가 누워야 돼."

"(보자기를 잡으며) 이걸로 덮으면 되겠다!"

"아기는 누구야?"

"내가 아기 할래. (쿠션 위에 눕자 보자기로 배를 덮는다)"

"얼른 아기 낳아."

"(서로 보고 웃으며) 부끄러우니까 그냥 낳았다고 하자."

"그럼 두 명 낳았다고 할까?"

"(두 아이가 아기 흉내를 낸다) 응애 응애."

"아기가 벌써 우유 먹고 있네."

혼례식을 구경하는 아이, 역할을 하는 아이 모두 웃는다.

아이들은 반복하여 그림책을 읽습니다. 반복에는 짜증과 흥미 상실, 능률의 저하를 초래하기도 합니다. 어른들의 강요에 의한 읽기라면 분명 그럴 것입니다. 그러나 아이들 스스로 하는 반복 읽기에는 이러한 부정적 효과는 없습니다. 아이들은 그림책을 선택하여 반복적으로 읽습니다. 아이들은 앞표지로 그림 내용 상상하기, 그림만 보기, 글자 읽기, 좋아하는 화면만 보기, 함께 읽기, 혼자 읽기, 읽어주기 등 변화를 주어 흥미를 유지합니다. 아이들은 그림책 속의 그림에서 찾아낸 전통혼례를 현실놀이로 가져옵니다. 어느 날은 신랑과 신부를 재연하고, 다음 날은 혼례상을 마련합니다. 또 다음 날은 전통소품을 집에서 하나둘 가져오고, 그 다음 날은 동네사람들을 초대합니다. 반복은 지식을 단단하게 하여 놀이를 촘촘하게 합니다. 전통혼례놀이는 오랜 시간 반복, 연습되어 점점 완전한 모습으로 재연합니다. 그림책에는 없는 혼례식 그 후의 출산 이야기까지 상상하며 확장된 놀이로 이어갑니다. 유아들의 상상력은 끝은 어디일까요. 아이들에게 많은 힘이 있습니다. 반복의 힘, 배움의 힘, 협업의 힘, 상상의 힘, 그 밖에도 꺼지지 않는 등불 같은 힘이 많습니다. 아이들이라면 충분히 가지고 있습니다. 우리 어른들은 아이들이 '놀면서 익히는 힘'을 믿어야 합니다. 놀게 한다면, 맘껏 놀게 한다면 더 큰 힘을 발휘할 것입니다.

 TIP

그림책은 의사소통하는 독특한 예술 장르의 하나입니다. 그림책의 풍부하고 다양한 표현양식은 유아들을 예술적 세계로 안내합니다. 아이들에게 그림책과 만나는 시간을 많이 제공해 주세요. 하지만 잊지 말아야 할 것은 그림책 읽기는 무엇보다도 유아에게 즐거움을 제공하는 것이 우선 되어야 합니다. 억지로 읽힌다거나, 유아가 좋아하여 반복하여 읽어달라는 그림책을 여러 번 읽었으니 그만 읽으라고 회피하는 행동은 금물입니다.

놀면서 크는 우리 아이들

함께 결정하기

일곱 살, 아이 여러 명이 『의좋은 형제』 그림책을 읽는다.

"(큰소리로 읽는다) 의, 좋, 은, 형, 제."

"형제는 남자, 남자를 말하는 건데. 여기 책 속에 남자가 나오겠네. 다 남자겠네."

"의좋은? 무슨 말이지?"

"좋은 형제는 알 것 같은데 '의'가 앞에 있어서 어렵네. 싸우다가 다시 화해해서 이 제목을 가진 것 같은데…."

"의좋다는 건 사랑한다는 거 아닐까."

"음~ 서로 안 싸우고 도와주는 거 그런 거 같은데."

"사이좋게 지내는 거 맞는 거 같은데."

"서로 모르는 것을 알려주는 거 아닐까?"

"어, '의좋은'에서 '좋은'은 좋다 좋아한다 사랑한다는 거고, '의'가 있으니까 이건 더 더 완전 사랑하고 좋아한다는 거 아닐까?"

"그래. 그거 그런 거 같아."

아이들은 협조적으로 토론합니다. 사전에서 토론이란 '어떤 문제에 대하여 여러 사람이 자기가 의견을 말하며 논의함'입니다. 논의란 '어떤 문제에 대하여 검토하고 협의함'으로 정의합니다. 이러한 기술은 유치원 일상생활에서 또래, 동생, 형님, 선생님 관계에서 활용합니다. 아이들은 그림책 제목에서 '의'라는 뜻이 궁금합니다. 아이들은 자신의 의견 끝에 '같은데'라는 말을 붙여 부드럽게 예측하며 이야기를 이어갑니다. 아이들은 의견을 말하는 친구와 눈을 맞추고 웃으며 듣습니다. 주거니 받거니 의견을 협의하고 '의' 의미를 결정내립니다. 지켜보는 어른인 나는 참으로 흐뭇합니다. 어쩜 좋을까요. 똑똑한 이 녀석들을요. 아이들의 결정 과정을 보고 있노라면 어른 사회에서의 상황이 생각납니다. 어른들도 토론과정에서 아이들처럼 제안하기, 의견나누기, 결정하기의 절차를 밟아 결정해 나갑니다. 그러나 아이들처럼 '서로 존중하여 결정함'이라는 생각이 들지 않습니다. '왜 그럴까?' 한참을 생각해 봅니다. 아하, 아이들처럼 '살가운 눈맞춤과 적극적인 경청, 부드러운 말투가 빠졌네.'라는 생각이 불현듯 스칩니다. 우리 어른들은 아이들에게 배워야 할 것이 많이 있습니다. 오늘도 배웁니다.

토론은 주도권을 행사할 수 있는 능력입니다. 아이들은 자신의 경험과 지식을 총동원하여 대화를 합니다. 그 과정에서 지식은 기억에 머무는 것이 아니라 말을 하면서 설득적으로 말할 수 있는 힘으로 발휘되면서 능력이 쑥쑥 커진답니다. 아이들 주변 사방에 그림책을 놓아두세요.

협력해서 해결하기

일곱 살, 아이 여러 명이 그림책 속 등장하는 것을 가리키며 수 세기를 하고 있다

"사람은 한 명, 두 명이라고 해야지."

"제비는 한 마리 두 마리지."

"맞다, 맞네."

"그럼 나무는?"

"나무 한 나무? (웃으며) 이거 아닌 거 같은데."

"그릇?"

"한 그릇 이상한데? 선생님, 나무는 어떻게 세죠?"

"(운율을 넣어) 한 그루, 두 그루, 세 그루, 네 그루 이렇게."

"아, 맞다. (웃음) 그루!"

"땀방울은 어떻게 세?"

"한 땀, 두 땀?"

유아들은 서로 얼굴을 마주 보며 웃는다.

"(형제가 입은 옷을 가리키며) 옷은 어떻게 세?"

"그건 진짜 모르겠는데…."

"(그림책을 들고) 이거는 어떻게 세?"

"그건 내가 알아. 한 권, 두 권 이렇게 세지."

"(형제 그림의 신발을 가리키며) 이거는?"

"(고개를 갸웃거리며) 한 짝, 두 짝?"

"이상한데…."

"그럼, 옷하고, 신발하고 미션으로 내일까지 알아오자."

"(교사를 보며) 미션에 성공하는 사람은 선생님이 칭찬 선물 줄 거예요?"

선생님은 미소를 지으며 고개를 끄덕인다.

유치원 실내외 여러 공간에는 그림책이 놓여 있습니다. 아이들은 놀이터에서 뛰어놀다가도, 교실에서도, 복도에서도, 옥상정원에서도 그림책을 만납니다. 아이들은 어느 공간에서나 그림책을 폈을 때 양쪽면에 보이는 사람, 곤충, 동물뿐만 아니라 심지어 물방울의 개수를 세어가며 누가 더 많은지를 비교하는 놀이에 빠집니다. 수 세기 놀이는 물건별로 단위를 세는 놀이로 이어져갑니다. 물건마다 세는 단위가 다르다는 것을 한참 후 기억해 내기도 하고, 틀리게 세어 웃기도 합니다. 아이들은 세는 단위를 다 알 수가 없습니다. 그러나 포기하지 않습니다. '내일까지 각자 알아 오기'라는 멋진 방법을 선택합니다. 연령이 높아질수록 협력을 통해 과제를 수행하는 기회가 많아집니다. 아이들은 놀이 속에서 협력을 몸과 마음에 익힙니다.

놀이를 통해 쌓아 올린 협력의 힘은 단단하여 무너지지 않습니다. 놀이는 협력을 자연스럽게 키우는 최고의 기회입니다. 어른인 나는 세상의 지혜를 즐겁게 알아가는 아이들에게 칭찬선물로 무엇을 준비해야 할까요. 무엇을 준비할까요?

 TIP

강요에 의한 배움은 새로운 깨달음에 대한 희열을 느낄 수 없을 뿐만 아니라 배움에 대한 가치나 유용성을 느낄 수 없을 것입니다. 새로운 지식을 구성하는 과정이 자발성이라고 볼 때 그림책 읽기는 흥미있고 의미있는 배움 방법입니다.

놀잇감과 마주하는 노련함

쫌 많이 아는 아이들

다섯 살, 아이들이 나무 블록으로 구조물을 만들고 있다. 다른 아이 한 명이 여러 개의 개미모형을 안고 다가와 놀이에 합류한다.

"(눈을 맞추며) 뿔 같아? 더듬이 같아?"

"더듬이."

"맞아. 더듬이. (구조물 안에 있던 개미모형을 빼며) 출동. 일개미는 일하러 가라. (입구를 다른 블록으로 막으며) 태풍이가 불어 다 날아갈 수 있으니까. (모형 개미를 높이 들어 좌우로 움직이며) 얘는 비행하는 거야."

"비행기?"

"아니, 비행. 날아가는 거야."

"개미 날개 있어?"

"여왕개미랑 수개미는 날개가 있어. 여기 봐봐."

아이들은 놀이에 노련합니다. 노련하다는 것은 많은 경험으로 하는 일에 익숙하고 능란하다는 뜻이지요. 아이들은 놀이를 펼치며 앎을 기억에서 꺼내옵니다. 또래와 앎을 공유하는 과정은 즐겁습니다. 아이와 앎을 공유할 수 있게 놀이 시간을 할애하시기 바랍니다. 부모와 함께 하는 놀이를 통해 앎은 깨달음으로 이어져 미래의 힘으로 작용할 것입니다.

아이들은 많이 알고 있습니다. 어른들이 생각하는 것보다 훨씬 그렇습니다. 그런데도 어른들은 가르치려고 합니다. 아이들의 놀이를 관찰해보면 금세 아는데 말입니다. 나는 20여 년 전 아이들에게 가르치려고만 하는 교사였습니다. 그러다가 아이들이 배움의 주체가 되어야 한다는 사실을 깊은 배움을 통해 알게 되었죠. 그 후로 아이들의 놀이를 관찰하는 데 집중합니다. 스스로 배워나가는 과정은 실로 경이로웠습니다. 현재 나는 많은 시간을 아이들 옆에 그냥 있습니다. 나에게 말을 걸어오는 아이가 있다면 기다렸다는 듯이 눈을 맞추고 나의 도움이 필요하면 함께 놀이합니다. 가급적 가르치려는 말은 줄이려고 합니다. 내가 말을 많이 해버리면 아이들의 유능함을 펼칠 수 없는 걸 알기에 그렇습니다. 온화한 표정으로 아이들 옆을 지키는 일은 그 무엇과도 비교할 수 없을 만큼 즐겁습니다. 다섯 해밖에 살아오지 않은 아이들이 네이버 지식창고처럼 지식을 술술 꺼내는 과정은 한편의 다큐멘터리 영화를 보는 것 같습니다. 곤충, 동물, 우주 등 세상의 모든 것들에 대해 끊임없이 앎을 자랑하며 놀이합니다. 어른들은 저럴 수 있을까요?

놀면서 크는 우리 아이들

재밌고 쉬운 과학

여섯 살, 아이들이 교실 안을 이리저리 둘러본다. 빠르게 과학영역으로 이동하여 서로 자석을 꺼내려고 한다.

"(자석 2개를 마주대며) 이렇게 하니까 자석이 붙었다."

"나도 할래. 나도 할래."

"(다른 자석을 건네며) 여기 한 개 더 있어."

한 아이는 교실문 손잡이에 자석을 붙이고, 한 유아는 그 모습을 바라본다.

"우리 자석 붙는 데 찾으러 가자."

"(엘리베이터에 붙이며) 여기도 붙었다."

"(교실벽에 붙이며) 어, 여기는 왜 안 붙지?"

"여기는 자석이 아니니까 그렇지."

"자석? 자석이라서 붙는다고?"

"붙으니까. 이것도 자석이지."

"(클립통에 자석을 갖다 대고 다닥다닥 붙는 모습을 보고) 이거 자석이고."

지나가는 교사가 묻습니다.

"왜 붙는 거 같아?"

"통이 자석이어서 그런 것 같아요."

나에게 과학을 참 어려운 과목이었습니다. 초등학교 때도 그랬고 중고등 학창시절도 그랬고, 어른인 지금도 그렇습니다. 과학이란 사전적 정의에서 '일정한 목적과 방법으로 그 원리를 연구하여 하나의 체계를 세우는 학문'입니다. 참말로, 어렵게도 정의해 놨습니다. 아이들에게 과학은 어떤 것일까요. 어떤 것이라고 생각하기에 이렇게 쉽고 재미나게 알아갈 수 있는 것일까요. 아이들은 때론 새로운 것에 겁을 내기도 하지만 새로운 것, 알아가고 싶은 것에 대해 주저함을 보기가 어렵습니다. 자석놀이도 마찬가지입니다. 아이들은 원리를 알아가는, 체계를 세우려는 학문적 접근은 애당초 없습니다. 그저 놀이로 자석을 바라볼 뿐입니다. 내가 학창시절 때 과학을 놀이로 접근해준 교사가 있었다면 얼마나 좋았을까요. 그랬었다면 '즐거운 과학자가 되어 있지 않았을까?'라고 생각하며 혼자 웃습니다. 우리 아이들에게 기대 한 번 해봐야겠습니다. 마음껏 도전하는 모습에서, 자유로움을 허용하는 교사에게서 그런 기대가 생깁니다. 자꾸만.

놀면서 크는 우리 아이들

자석은 손으로 만져서는 알 수 없지만 쇠붙이를 끌어당기는 힘이 있어 아이들에게 매우 흥미 있는 놀이거리입니다. 자석 몇 개쯤은 가정에 둬 보세요. 종이, 유리병, 헝겊, 나무판 등도 함께 제공하면 더 좋겠죠. 아이들은 즐거운 놀이를 통하여 자석은 끌어당기는 힘, 물질을 통과해서도 힘을 발휘한다는 것도 발견하게 될 거예요. 뿐만 아니라 자연스러운 놀이를 통해 과학적 탐구 능력과 태도를 함양하여 과학적 소양을 기르게 되겠지요.

돌리고, 돌리면 팽이 원리를 알 수 있어요

여섯 살, 아이들이 사각블록으로 정교하게 팽이를 만들어 돌린다. 한참을 블록팽이로 놀이하다가 플라스틱 뚜껑을 돌리기 시작한다.

"저것도 돌려보자."

"이건 뾰족한 게 없어서 잘 안 돌아갈 것 같은데……."

"그래도 돌려보자."

"선생님 시작이라고 해줘요."

"오케이 준비, 시~~~~작!"

"잘 돌아가네."

"이건 음료수 뚜껑이잖아. 돌려보자."

"우리 여기 뚜껑 다 돌려보자."

"여기 더 잘 돌아갈 것 같은데. 나 이거."

"이것도 돈다고?"

"난 이게 잘 돌 거 같은데……."

"준비, 시작."

놀면서 크는 우리 아이들

"와, 진짜 잘 돈다. 바람개비 같아."

"야, 여기 다 돌려보자."

"다 준비, 누가 더 안 멈추나 시합하는 거야. 모두 준비, 시작."

아이들은 놀고 또 놉니다. 참 재미있게 놉니다. 아이들은 놀면서 자신도 모르는 사이에 반복적으로 도전합니다. 아이들은 그저 돌리는 것에 관심을 두고, 이것저것 돌리며 잘 돌아가는 팽이의 구조와 원리를 자연스럽게 알아갑니다. 크기와 모양, 무게가 다른 이 뚜껑 저 뚜껑을 돌리면서 우연히 발견하게 된 것이지요. 놀이의 맛이란 이런 것이지요. 나도 모르는 사이에 시나브로 그것에 알아가는 것, 바로 그런 거랍니다. 교사가 가르치는 접근으로 '이 중에서 가장 잘 돌아가는 뚜껑은 ○○야.'라고 접근했다면 어떤 결론이 났을까요. 장담하건대, 장시간 놀이는 없었을 것입니다. '놀다'의 사전적 의미는 '직업이나 일정히 하는 일이 없이 지내다.'라는 뜻입니다. 아이들에게 해당되는 놀이의 개념과는 먼 개념입니다. 아이들은 하는 일 없어서 놀이하는 것이 아니라 일상 그 자체가 놀이이기 때문입니다. 아이들은 돌리기, 돌기를 상당히 좋아합니다. 자기 몸도 돌리고, 친구와도 돌고, 바람개비도 돌리고, 뚜껑도 돌립니다. 쉬지 않고 돌립니다. 재미있어 그냥 돌립니다. 그냥 하다 보니 많이 알게 됩니다. 자연스럽게 말입니다.

좁은 공간에서도 할 수 있는 놀이가 팽이돌리기입니다. 팽이는 회전축을 중심으로 대칭적이라 대칭이 아니라면 쉽게 쓰러집니다. 똑바로 서서 돌기 시작하다가 공기저항이나 바닥의 미세한 마찰에 의해 운동에너지를 잃으면 회전이 느려지고 결국 쓰러집니다. 아이들은 반복 놀이를 통해 회전축 운동을 비롯한 다양한 요소가 작용하는 복잡성을 알아냅니다. 플라스틱 뚜껑을 모아두세요. 아이들은 그 뚜껑으로 과학의 원리를 알아낼테니까요.

놀이터에서 할 수 있는 놀이

비가 그친 수요일 아침 교사는 일곱 살, 아이들과 하루 일과를 시작하며 다 함께 하고 싶은 놀이를 계획합니다.

"선생님, 놀이터, 놀이터에 가서 놀아요."
"놀이터에 가서 뭘 하면 좋을까?"라고 교사가 묻는다.
"물총놀이요."
"저번에 비가 와서 계속 물총놀이 못 했잖아요."
"우리 그거 해요, 물총놀이."
"좋아. 물총놀이에는 뭐가 필요할까?"
"물총, 물감, 큰 종이, 종이배, 물통이요."
"물감 물을 물총에 넣어서 그림을 그려요."
아이들은 즐겁게 놀이를 마무리한다. 놀이를 끝낸 아이들은 말한다.
"오늘 진짜 재미있었지. 진짜 재미있었지. 내일 또 했으면 좋겠지. 그치?"

아이들에게 놀이란 무엇일까요? 놀이는 집중하게 합니다. 아이에게 집중력을 향상시키는 방법으로는 놀이 만한 게 없습니다. 단, 어른들이 억지로 놀게 한다면 효과는 0입니다. 그 밖에도 놀이는 많은 사회적 기술을 자연스럽게 향상시킵니다. 타인과의 대화 기술, 협의하는 기술, 타인을 받아들이는 기술, 다양한 감정을 조절하는 기술 등 말입니다. 때로는 놀이를 하면서 다툼, 슬픔, 화남이 있지만 함께 계획하고, 준비하고, 놀이하는 과정은 꽤나 즐겁습니다. 어른이 차려놓은 밥상에 숟가락만 얹는 그런 수동적인 놀이에는 재미를 붙이기 어렵습니다. 처음부터 끝까지 적극적으로 참여했기 때문에 재미있었고, 또 하고 싶은 것입니다. 놀이란 또 하고 싶은 것, 계속해도 싫증이 안 나는 것, 해도 해도 끊임없이 이어지는 것, 신기한 요술 방망이입니다.

 TIP ---

주도적이라는 말은 아이가 주도권을 가지고 무엇을 수행해 나간다는 것을 의미합니다. 그렇다면 아이의 주도적인 놀이가 되기 위해서는 부모가 도움을 주지 말고 아이가 스스로 하도록 맡겨놓아야 하는 것일까요? 부모의 적절한 지원이 있는 경우가 더 효과적이겠지요. 물론 여기서 말하는 지원이라 함은 아이가 스스로 놀이를 선택하고 즐겁게 놀이하는 그 과정을 칭찬하고 격려해주며 다양한 경험을 마련해준다는 의미입니다. 아이가 할 일을 대신 해주고 간섭하고 지시하는 것을 의미하는 것이 절대 아닙니다. 부모의 역할은 아이의 선택이 현명하게 이루어지고 일관성 있게 수행될 수 있도록 관심을 가지고 지켜보며 지원해주는 일이어야 할 것입니다.

놀면서 크는 우리 아이들

오래 보면 더 사랑스러운 아이들

일곱 살, 아이들에게 인기 있는 영역은 쌓기영역이다. 블록으로 집을 만들고 곤충들을 초대한다. 한참동안 곤충놀이가 이어지더니 자동차가 등장한다. 블록으로 오르막길, 내리막길, 주차장, 주차타워를 만들고, 길고 짧은 모양과 역할이 다른 자동차를 만들어 활발히 움직인다. 한 아이가 "우리 경찰놀이하자, 내가 의자 가져올게."라고 말하자 여러 개의 의자를 빠르게 모은다. 최신식 좌석을 겸비한 하늘을 나는 경찰차를 만든다. 그리고 그 경찰차를 운전하는 경찰관이 된다.

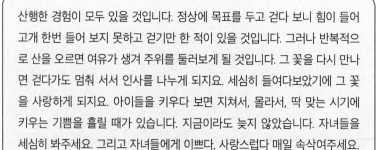

TIP

산행한 경험이 모두 있을 것입니다. 정상에 목표를 두고 걷다 보니 힘이 들어 고개 한번 들어 보지 못하고 걷기만 한 적이 있을 것입니다. 그러나 반복적으로 산을 오르면 여유가 생겨 주위를 둘러보게 될 것입니다. 그 꽃을 다시 만나면 걷다가도 멈춰 서서 인사를 나누게 되지요. 세심히 들여다보았기에 그 꽃을 사랑하게 되지요. 아이들을 키우다 보면 지쳐서, 몰라서, 딱 맞는 시기에 키우는 기쁨을 흘릴 때가 있습니다. 지금이라도 늦지 않았습니다. 자녀들을 세심히 봐주세요. 그리고 자녀들에게 이쁘다, 사랑스럽다 매일 속삭여주세요.

놀면서 크는 우리 아이들

아이들은 매일 놀이를 합니다. 그러나 같은 놀이라 생각하면 큰일 납니다. 3월에 했던 곤충놀이와 5월에 하는 곤충놀이가 다르기 때문입니다. 자동차놀이를 일 년 내내 합니다. 그러나 4월에는 버스놀이에 열중하고 6월에는 경찰차놀이를 합니다. 살짝 보면 같은 곤충놀이고, 자동차놀이일 뿐입니다. 자세히 보면 다른 놀이입니다. 계절에 따라 등장하는 곤충이 다르고, 자동차놀이지만 종류, 의자의 개수와 색깔, 부품이 다릅니다. 새롭지만 새롭지 않고, 새롭지 않기엔 새로운 놀이인 것이지요. 아이들의 놀이를 보고 있자면 정말 사랑스럽습니다. 나태주 시인이 말했던가요. 자세히 보아야 예쁘다. 오래 보아야 사랑스럽다. 너도 그렇다. 저도 시인 흉내 한번 내어 볼까요. 자세히 보아야 이쁘다. 오래 보면 더 이쁘고 사랑스럽다. 아이들이 그렇다.

빨리빨리

다섯 살, 아이들이 여기저기 의자에 올라가 플라스틱 컵을 높게 쌓고 있다.

"(의자 위에 서서) 더 올려."

"쓰러질 것 같아."

"괜찮아. 얘는 뱀이니까 일어설 거야. 뱀은 일어서는 거야. 뱀이 독을 먹어서 신선한 바람을 먹으려고 하늘 가까이 가야 되거든. 더 올려."

"(컵이 와르르 무너진다) 뱀 몸에 독이 퍼져서 산산조각났어."

"얘들아, 빨리빨리 뱀을 살려."

"(주변의 아이들이 컵을 빠르게 올린다) 얘들아, 빨리빨리 살려. 안 그러면 뱀 영혼이 죽어. 시계 바늘이 십일(11)이랑 십이(12)에 있지. 일 (1)에 가면 죽어. 빨리빨리."

주변에 놀이하던 아이들이 컵을 주워 쌓는다.

다섯 살 반에는 스무 명 정도의 아이들이 생활합니다. 아이들은 일상에서 삼삼오오 놀이합니다. 그래서 대개 한 교실에서 다섯 개 정도의 다른 놀이 주제가 진행되게 되지요. 그래서 얼핏 보면 무질서해 보이지만 자세히 보면 그 안에서의 규칙이 있어 질서를 유지한다는 것을 알 수 있습니다. 번개가 쳐도 끄떡 없이 자신의 놀이에 몰입하는 아이들이기에 가능한 일입니다. 그러다가도 당나귀 귀를 가진 것처럼 주변 아이들이 무엇을 원하는지 삽시간에 알아차립니다. "빨리빨리"라는 말에 반 전체가 즉각적으로 움직입니다. 놀이는 반 전체를 하나, 둘 또는 여러 모둠으로 붙였다 뗐다 하는 힘센 자석 같습니다. 놀이는 참 신기하기만 합니다. 놀이를 좌지우지하는 우리아이들은 얼마나 힘이 셀까요?!

 TIP --------------------------------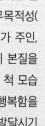

진짜놀이와 가짜놀이에 대해 들어보신 적 있으신가요? 유아에게 놀이란 일상이며 권리이며 성장에 매우 중요한 요소입니다. 진짜놀이에는 무목적성(내적동기), 자발성(자발적으로 정한 시작과 끝, 규칙), 주도성(아이가 주인, 어른은 동반자)이 있어야 합니다. 가짜놀이는 진짜놀이의 세 가지 본질을 잃어버린 놀이를 말하는 것이겠지요. 즉 어른들의 강요, 도구, 노는 척 모습이지요. 진정한 놀이를 통해 아이들은 놀이를 즐기고 그 안에서 행복함을 느낄 수 있습니다. 또한 이러한 경험은 주도성, 자존감, 자신감 등 발달시기에 꼭 맞게 성장할 수 있습니다. 아이들이 직접 놀이를 주도하고 자발적으로 할 수 있도록 존중해주세요. 무조건 막지 말고 해줄 수 있는 최대한 공간과 시간을 제공해 주세요. 아이와 놀이할 때 아이처럼 즐거워해 주세요.

놀면서 크는 우리 아이들

먼지흡입기

　일곱 살, 두 아이가 미술 영역에 마주 앉아 종이컵 2개, 휴지관 2개로 청소기를 만든다. 종이컵 앞면에는 두 눈을 그리고, 종이컵 상단에는 지름 0.5cm 정도의 구멍을 뚫는다. 두 개의 종이컵을 겹치고, 종이컵 안쪽으로 휴지관 2개를 길게 붙인다.

　"(휴지관 안으로 가래열매를 넣으며) 우~먼지, 영원 같아. 끝도 없네. 아, 근데 있잖아. 이거 들어가는(흡입)지 실험해 보자."

　"(넣으며) 들어가네."

　"근데 나오잖아. (청소기를 가래열매 가까이 가져다 대며) 치칙칙칙. 우~먼지가, 먼지 쓰레기 먼지 먼지 되게 많아."

　"야, 충전을 해야지."

　"(휴지관 속으로 가래열매를 넣으며) 다 빨아들여. 너무 많이 붙어있잖아. 다 빨아들여. 이게 전체 우리나라 모습이야. 먼지투성이 먼지를 빨아들여. 청소기야."

　"야, 근데 먼지를 토하고 있어. (연필을 종이컵 위의 구멍에 끼우며) 근데 충전을 먼저 해야지."

"(가래열매가 쏟아진다) 왜 계속 토하는 거야, 먼지 흡입기를 더 크게 만들어야겠어. 얘가 먼지를 못 빨아들여 어쩔 수가 없겠어. 이러다 먼지가 다 바다로 흘러가겠어. 뭐든지 빨아들이는 그거 내가 만들게. 니가 저거(5센티 정도의 정사각형 블록) 가져다 줘. 내가 '멈춰'라고 할 때까지 계속 줘. 자꾸 넘쳐 빨리 만들자."

"(건네주며) 몇 개가 더 필요해?"

"9개."

"뭐든 다 빨아들여야 해. 아주 커야 해. 니가 쓰는 것까지, 우리나라 먼지 다."

바닥에 9개의 블록을 깔고 사면에 블록 9개씩 끼워 벽을 세운다. 위 지붕은 딱 맞는 상자로 덮는다. 옆면의 블록을 2개를 뺀다. 쓰레기(가래열매)를 빠르게 담는다.

"모두 모두 대피하세요. 빨려 들어갑니다. 됐어. 됐어. 휴우 됐어. 다 흡입했어."

"성공. 와아~~ 성공. 먼지흡입기."

아이들은 먼지를 걱정합니다. 걱정으로만, 생각으로만 끝내는 것이 아니라 직접 먼지 해결을 위해 청소기 제작자가 되기로 합니다. 종이컵 2개와 휴지관 2개를 이어 붙입니다. 커다란 두 눈을 종이컵 앞면에 붙여서 앙증맞은 청소기를 만듭니다. 그러나 소형청소기 한 대로는 많은 먼지를 해결할 수 없습니다. 먼지는 끝이 없어 보입니다. 영원히 없어질 것 같지 않습니다. 아이들은 먼지 많은 우리나라

놀면서 크는 우리 아이들

가 걱정이 됩니다. 걱정은 또 다른 도전을 하게 합니다. 엄청 크고, 흡입력도 센 먼지흡입기를 만들기로 합니다. 이번에는 단단한 플라스틱 블록으로 만듭니다. 블록으로 20cm 정도의 바닥을 깔고 사면에 블록 벽을 세워 흡입통을 만들고, 흡입통 한쪽에는 한 번 들어간 먼지는 절대로 쏟아지지 않도록 작은 구멍을 내어 흡입구를 만듭니다. 마지막으로 흡입하기 전 주변에 빨려 들어갈 수 있는 위험성도 알립니다. 참 진지하고 배려 깊은 아이들입니다. 아이들은 결국 먼지(가래열매)를 모두 흡입하고 환호합니다. 스스로 해냈으니 얼마나 기쁠까요. 우레 같은 박수를 보내고 싶습니다. 아이들은 미래의 Boyan Slat이 될 것입니다. 그는 바닷물에 떠 있는 수많은 쓰레기에 놀라서 관심을 갖고 직접 바다를 구하는 방법으로 오션 클린업을 창시한 어린 사람입니다. 가까운 미래에는 우리 아이들의 아이디어가 현실 속에서 펼쳐질 것입니다. 엉터리 생각이 아닌, 참신한 생각이라고 북돋아 주는 어른이 넘쳐흐르는 세상이라면 말이에요.

TIP --

미래에는 어떤 사람이 세상을 움직이고 세상을 바꾸는 인재가 될까요? 기계나 인공지능이 대체할 수 없는 창의력을 갖춘 사람이겠지요. 아이는 이미 창의적입니다. 창의는 마음대로 놀고 싶은 만큼 놀 시간이 주어질 때 가능합니다. 어른은 '이게 좋구나, 이건 별로구나.' 말하지 않고, 평가하지 않아야 합니다. 아이를 내버려 두면 아이는 제대로 놀 것이고, 그때 아이의 상상력은 성장합니다.

보자기의 변신

다섯 살, 아이 세 명이 지름 80cm의 둥근 카펫에 그림책을 삥 둘러 병풍처럼 세워놓고 보자기를 어깨에 묶은 채로 엉덩이를 마주 대고 카펫 가운데에 엎드려있다.

"우리는 공주고양이, 잠자는 애기 공주고양이."

"(가래열매가 가득 담긴 탬버린을 내려놓으며) 우리 고양이 배고팠어? 먹어, 먹어."

"(고양이들이 혀를 내밀며 먹는다) 후릅~ 맛있는데."

"(50㎝의 리본테이프가 달린 방울을 들고 고양이들 머리 위에서 흔들며) 고양아, 비가 오네."

"(고양이들이 망토를 휘날리며 옆 책상 밑으로 후다닥 들어간다) 야옹."

"(책상 위로 올라가 방울을 흔들면서 리듬 있게) 비가 옵니다."

"(얼굴에 보자기를 쓰고 기어다닌다) 야옹, 우산을 써서 괜찮아."

"(고양이 머리 위로 방울을 흔들면서 리듬 있게) 비가 옵니다."

"(누워 보자기를 덮는다) 우비를 입어서 괜찮아."

놀면서 크는 우리 아이들

"(고양이 머리 위로 방울을 흔들면서 리듬 있게) 비가 옵니다."

"(보자기를 벗어 서로 묶어 펼쳐놓고 들어간다) 텐트에 들어와서 괜찮아."

"(리듬 있게) 비가 안 옵니다."

아이들은 보자기를 참 좋아합니다. 어른인 나는 아이들이 좋아하는 것을 알기에 명절에 과일상자를 선물 받게 되면 기쁩니다. 과일을 받은 기쁨과 과일을 싸고 있는 형형색색의 보자기를 아이들에게 선물할 수 있기 때문입니다. 아이들에게 보자기는 공주고양이가 되기 위한 필수 아이템인 망토가 됩니다. 비가 오면 얼굴을 감싸서 우산이 되기도 하고, 온몸을 덮는 우비가 됩니다. 친구들과 보자기를 묶어 하늘로 펼치면 텐트가 되기도 하지요. 보자기에 생명이 있는 듯 아이들은 입고, 쓰고, 덮습니다. 보자기는 아이들에게 얼마나 고마울까요. 입이 있다면 얇은 천 조각일 뿐인 자신을 다양한 캐릭터로 변신시켜 놀이하는 아이들에게 눈물을 흘리면서 감사 인사를 전하지 않을까요. 그리고 "너희들 아이디어 정말 대단한데."라고 폭풍 칭찬을 하겠지요. 화려한 그림이나 고급 자수 하나 없는 보자기라면 자신의 가치를 알아주는 아이들에게 더 감사할 테지요. 재치덩어리 아이들 곁에 있는 어른인 저는 매순간 흥미롭고 놀라울 따름입니다.

 TIP

크기가 다른, 재질이 다른, 디자인이 다른, 색깔이 다른 보자기를 준비해 보세요. 아이들의 끊임없는 상상력에 놀라시게 될 것입니다.

피닉스가 집에 가게 해 주세요

일곱 살, 아이 두 명이 놀이용 컵을 겹겹이 끼워 바닥에 길게 누여 놓고 대화한다.

"(키재기판이 붙어있는 벽을 가리키며) 저기에 세우자."

"(컵을 세워 벽으로 밀어 붙인다. 컵이 흔들거린다) 오~"

"(의자 위에 올라서서 컵의 키를 재며) 와, 크네."

"130키로가 넘어?"

"(숫자를 가리키며) 110, 150, 155, 180키로가 더 넘어."

"우와~ 엄청 크네."

"(의자를 한 개 더 가져오며) 이거도 올리고 올라가"

"(올라선 의자 위에서 뛰어서 내려온다) 니가 올라가."

"(의자 위에 또 다른 의자를 올리고 밟고 올라서며) 오케이 성공할게."

두 개의 컵을 꼭대기에 쌓으려 하자 와르르 무너진다. 다시 쌓기를 여러 번 반복한다. 흔들거리는 의자와 옆으로 기우는 컵을 단단히 세운다. 높이 쌓아진 컵을 보고 미소 짓는다.

놀면서 크는 우리 아이들

"(십자 블록으로 만든 것을 건네며) 이거 올려."

"(흔들리는 컵 꼭대기에 까치발로 조심조심 올린다) 피닉스(만화에 나오는 불사조 새) 성공!"

"(바닥으로 뛰어 내리며) 와, 이거 쫌 멋있는데."

"우린 싸나이. 나도 싸나이, 너도 싸나이."

"남십자성 잘 보이겠지?"

"(높게 쌓아 올린 컵을 가리키며) 저게 만 키로 넘는데 집이 보이겠지."

"같이 집 가게 피닉스 동생도 만들자."

아이들은 십자 블록으로 날개가 커다란 피닉스를 만든다. 그리고 삼단으로 의자를 쌓고 그 위에 올린다.

"우와~~ 성공. 이제 집 갈 수 있겠다."

어릴 적 소풍이나 운동회 전날 '내일은 비가 안 오게 해주세요.', '제발 우리 편이 이기게 해주세요.'라는 바람을 담아 빌어 본 적이 있을 것입니다. 아이들은 피닉스(만화에 나오는 불사조 새)가 남십자성에 가길 소망합니다. 남십자성은 피닉스가 좋아하는 뜨거운 곳, 바로 집입니다. 그러나 피닉스는 집을 찾지 못합니다. 그래서 아이들은 놀이용 컵을 쌓아 높은 탑을 만듭니다. 탑을 만드는 과정을 쉽지 않습니다. 주의를 기울이지만 탑이 '와르르' 무너집니다. 피닉스가 집을 찾기를 바라는 간절한 마음으로 쌓기를 여러 번 반복합니다. 높게 쌓은 탑을 더 높게 쌓으려고 작은 의자 위에 또 다른 의자를 올립니다. 의자가 흔들거리지만 머뭇거림 없이 올라섭니다. 의자가 무너져 내려 자신이 다칠 것은 안중에 없습니다. 더 높게 탑을 쌓아

꼭대기에 피닉스를 올리고 싶습니다. 그래야만 피닉스가 멀리 보고 집을 빠르게 찾을 수 있기 때문입니다. 드디어 피닉스가 집을 찾을 수 있습니다. 아이들이 오랜 시간을 공들여 높은 탑 쌓기에 성공했기 때문입니다. 아이들은 피닉스가 집에 가는 길이 외로울까 봐 동생 피닉스도 만듭니다. 나는 피닉스를 향한 아이들의 따뜻한 마음을 엿보며 행복함이 밀려옵니다. 아이들 옆에서 마음속으로 간절히 바라 봅니다. 이기심이 많아지는 세상이 아닌 아이들처럼 누군가를 위한 마음이 넘쳐나는 세상이기를 말입니다.

 TIP --

아이들이 블록을 높게 쌓으려 한다면 안전하지 않다고 말리지 마세요. 분명 이유가 있을 테니까요. 그 이유를 듣거나 발견한다면 아이와 소통을 잘하는 부모입니다. 소통의 행복을 느끼는 어른들이 넘쳐나길 바랍니다.

놀면서 크는 우리 아이들

실패는 성공과 찐친이야

일곱 살, 아이가 자동그리기 패드 3개를 나란히 붙여놓고 전용펜으로 한 개의 패드에는 1, 다른 패드에는 2, 또 다른 패드에는 3이라 쓴다. 패드 가운데에 1, 2. 3을 여러 번 썼다 지우기를 반복한다. 다시 각각의 패드에 1, 2, 3을 쓴다. 숫자를 따라 입체감 있게 굵은 선을 긋는다.

"('2'를 따라 굵은 선을 그리다가 혼잣말로) 망했어. (다시 그리며) 이것도 아니고, 이렇게도 아니고, 이거 너무 어려워."

"(혼잣말로) 할 수 있어."

아이는 여러 번 시도하지만 마음대로 되지 않는다.

"아하. (패드 가장자리에 2라고 작게 쓴다. 상단의 2를 보면서 가운데에 2를 크게 쓴다. 숫자 주변에 굵은 선을 천천히 그린다) 성공."

한 개의 패드 상단에 1, 2, 3, 4 ,5, 6, 7, 8, 9, 10을 작게 쓴다. 가운데에 숫자를 순서대로 하나씩을 쓰고 숫자 주변에 굵은 선을 그린다.

"(혼잣말로) 잘했어."

숫자 50까지 같은 방법으로 그린다. 가까이에서 그림책을 읽는 친구에게 숫자를 굵게 쓰는 방법을 소개한다.

 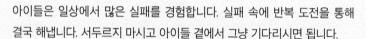

TIP

아이들은 일상에서 많은 실패를 경험합니다. 실패 속에 반복 도전을 통해 결국 해냅니다. 서두르지 마시고 아이들 곁에서 그냥 기다리시면 됩니다.

아이들은 놀이를 통해 성공과 실패를 경험합니다. 아이는 숫자를 자신 있게 씁니다. 자신감은 숫자를 입체감 있게 그리는 것으로 나아가게 합니다. 하지만 의도대로 되지 않습니다. 여러 번 그렸다 지웠다를 반복하지만 실패입니다. '이거 너무 어려워.'라며 혼잣말로 속상한 마음을 위안합니다. 그러나 포기할 수 없습니다. 방법을 바꾸어 보기로 합니다. 자신감 넘치게 패드 상단에 숫자 '2'를 빠르게 씁니다. 숫자 '2'를 살짝살짝 곁눈질하며 입체감 있는 숫자 쓰기에 다시 도전합니다. 패드 한가운데에 아주 커다랗게 그려내고 맙니다. '잘했어.'라고 스스로를 칭찬합니다. 성공의 경험은 숫자 50까지 한순간에 입체감 있는 숫자 쓰기를 해내게 합니다. 우리는 살아가면서 실패라는 좌절을 경험합니다. 실패는 포기와 친구일까요. 아니면 도전과 친구일까요. 아이는 실패 속에 도전을 선택하고, 성공이라는 선물을 받습니다. 어른인 나는 실패는 도전과 친구임을 배웁니다. 일곱 살 아이에게 말입니다.

놀면서 크는 우리 아이들

털모자 우주인

　다섯 살, 아이 두 명이 유니트 블록을 '이글루'처럼 둥글고 높게 쌓는다. 한 명은 털모자를 쓰고 안에 앉아 있고 다른 한명은 밖에 서 있다.

　"여기는 우주, 우주입니다. 우주인만 쓰는 거, (털모자를 건네며) 이 거 써."
　아이는 모자를 쓰고 안으로 들어온다.
　"자, (장화를 건네며) 이거 우주에 오면 신는 거야."
　"(큰 장화를 신고 어그적 걸으며) 띠리리 띠리리 나는 우주인입니다. (모자가 바닥으로 떨어진다. 빠르게 집어 쓴다) 뚜두두두 뚜두두두 나는 우주인입니다."
　"꼭 써야 돼. 없으면 지구 사람이야."
　"(모자를 쓰고 어그적 걸어가며) 뚜르르르 나는 우주인."
　"(멀리서 놀이하던 아이가 소방관 모자를 쓰고 다가와) 홈플러스에 불 끄러 가야 해. 장화 필요한데."

"내가 지구로 돌아가면 빌려줄게."

"빨리 와. 여기에서 기다릴게."

"(모자를 벗는다) 지구 도착. 자, 여기. 빨리빨리 끄고 와서 돌려줘."

아이들은 놀이 속에서 상상하는 모든 것을 해냅니다. 때로는 곤충, 동물이 되기도 하고, 공이 되기도 하고, 책상이 되기도 하고, 벽돌이 되기도 합니다. 발레리나나 발레리노가 되어 하루 종일 한쪽 다리를 들고 다니기도 하고 자동청소기가 되어 온 교실 바닥을 쓸고 다니기도 합니다. 아이들의 일상은 해 보고 싶은 것들로 변화무쌍합니다. 아이들은 털모자 하나로 쓰면 우주인이 되고 벗으면 지구인이 됩니다. 우주인 되기 참 쉽습니다. 간단명료한 아이들의 논리가 부럽습니다. 어른인 나는 아이들의 재치를 엿보는 상황이 정말 우습고 재미있습니다. 그러나 아이들은 무척 진지합니다. 우주인이 되기 위해 따가운 털모자를 오랫동안 쓰고 놀이를 하는 것을 보면 말입니다. 게다가 모자가 흘러내리기라도 한다면 잽싸게 올려 씁니다. 모자가 곧 우주인이기 때문입니다. 그러다가도 지구인이 찾아와 불을 끄러 가야 해서 장화를 빌려달라는 말에 순간 모자를 벗고 지구인이 됩니다. 우주와 지구를 몇 초 안에 넘나드는 능력, 혹 아이들이 초능력자 아닌가요?! 공간과 상황을 초월하는 우리 아이들은 볼매입니다. 볼수록 매력 있다는 그 볼매 말입니다.

놀면서 크는 우리 아이들

TIP

아이들은 논리를 배워나갑니다. 논리를 가지고 태어나는 것이 아니라 자유로운 놀이 속에서 친구들과 소통하며 논리의 구조를 단단히 한답니다.

네 번째 마당

종이와 마주하는 참신함

엄마라푼젤이니까 망토해도 괜찮아

다섯 살, 아이가 색종이를 테이프로 길고 넓게 붙인다. 다 붙인 색종이를 앉아 있는 교사의 등에 스카치테이프를 이용하여 붙인다.

"(교사는 흐뭇한 표정으로) 다 됐니?"

"어."

"(어깨에 두른 색종이를 가리키며) 이건 뭘까?"

"백설공주 망토야."

"선생님이 백설공주야? 고마워."

"(보석반지를 그려 건네며) 이거, 선물이야."

"고마워. 너도 공주야?"

"(한 줄로 늘어뜨린 마스크 줄을 보여주며) 라푼젤이잖아."

"(교사는 마스크줄 한쪽을 풀며) 나도 라푼젤할래."

"(망토를 떼려 하며) 그러면 망토는 없어야 해."

"아하. 그렇구나. 망토가 맘에 드는데…."

"그런 건 없어. 라푼젤은, 백설공주는 있지만."

"정말 망토가 맘에 드는데…"

"(고민하다가) 음~ 그럼 엄마라푼젤 해. (마스크줄을 반대쪽으로 건네
주며) 이거 이쪽인데."

"오케이 (반대쪽 마스크 줄을 풀며) 난 엄마 라푼젤."

"(왕관 머리띠를 건네며) 이거 엄마 꺼."

아이들의 놀이에는 많은 공주가 등장합니다. 백설공주, 엘사공주,
안나공주 그 외에도 공주가 많습니다. 아이들은 공주마다의 개성을
파악하고 그대로를 흉내 냅니다. 백설공주는 꼭 망토가 있어야 하
는 것처럼 말입니다. 아이는 선생님을 백설공주로 변신시킵니다. 몇
장의 색종이라면 충분합니다. 색종이는 고급 망토와 보석이 되어 기
품 있는 공주표가 딱 나기 때문입니다. 선생님은 백설공주로 변신하
면서 존댓말이 필요 없는 친구입니다. 아이는 백설공주와 친구인
라푼젤이 됩니다. 긴 마스크 줄은 비단 같은 머리카락이 되어 라푼
젤을 기쁘게 합니다. 교사는 라푼젤이 되어 아이와 놀고 싶습니다.
아이는 망토를 벗겨 라푼젤로 변신시키려 하지만 '정말 망토가 맘에
드는데' 하는 선생님의 의견도 들어주고 싶습니다. 그러나 망토를 하
고 있으면 라푼젤이 될 수 없습니다. 아이는 한참을 생각하다가 기
발한 생각을 해냅니다. 자기가 알고 있는 공주의 틀을 깹니다. 선생
님을 망토를 두른 엄마라푼젤로 인정해 줍니다. 어른인 나는 아이
와 함께 놀이하며 오늘도 웃습니다. 혹시, 갑자기 아이가 몇 장의 종
이를 이어 붙여 부모의 어깨에 두른다면 그것은 함께 놀자는 신호
입니다. 놀이친구로 받아들이겠다는 뜻입니다. 눈치를 챘다면 천천

히 반응해주시기 바랍니다. 천천히 놀이하는 과정에서 아이는 놀라울 정도로 주도성을 발휘할 테니까요. 서두르면 놓치게 됩니다.

TIP

아이들과 놀이에 적극적으로 함께 해주세요. 때로는 강아지, 고양이, 도둑, 울보 아기, 화난 엄마의 역할을 할 때도 있습니다. 그러나 어느 순간 망토를 두른 우아한 공주님이 되어 있을 거예요.

팽이게이머

일곱 살, 아이 세 명이 모여 앉아 색종이로 만든 팽이를 돌리며 게임을 한다. 옆에서 따로 종이팽이를 돌리던 친구들이 팽이를 건네준다.

"와아~ 많아졌네. 우리 이거로 다른 놀이를 할까?"

"우리 이거로 팽이돌리기 공연을 하면 어때?"

"어, 그러면 입장권이 필요하겠다."

"좋아."

아이들은 공연에 필요한 무대와 의자를 블록으로 만들기 시작한다.

"(종이를 내밀며) 선생님~ '입장권'이라고 어떻게 써요? 여기다가 적어주세요."

"(글씨를 적는다. 한 글자씩 가리키며 또박또박 읽어준다) 입 장 권."

"(친구들에게 다가가) 조금 있다가 팽이 돌리기 공연 보러 오세요."

"(친구들에게 다가가) 너 팽이 잘 돌리지? 팽이 돌리기 선수 좀 해줘. 나는 해설가 할게. 이따가 우리가 말하면 (무대 앞자리를 가리키며) 저기로 와!"

"오케이."

아이들은 팽이 공연을 알리고 공연장에 온 친구들을 자리로 안내한다. 친구들이 모두 앉자 팽이 돌리기 공연을 시작한다.

아이들은 종이팽이를 만들어 오래 돌리는 사람이 이기는 게임을 합니다. 팽이돌리기는 친구의 팽이 양보로 다 같이 보고 즐기는 거대한 공연놀이로 이어집니다. 공연을 하려면 넓은 공간과 많은 사람이 필요하다는 것을 알고 있습니다. 아이들은 갑작스러운 공연계획으로 분주하게 움직입니다. 유아들은 커다란 무대를 만들고, 무대에 필요한 소품을 자리에 가져다 놓습니다. 이 과정에서 '안 한다', '못 한다'는 없습니다. 한 아이만 주도하지도 않습니다. 가만히 있는 아이가 없습니다. 5분의 시간이 흘렀을까요? 블록으로 만든 거대한 공연장이 눈 앞에 펼쳐집니다. 공연장은 입장권이 있어야 들어갈 수 있습니다. 입장권이라는 어려운 글자는 선생님께 의뢰합니다. 팽이 선수들이 필요합니다. 주변 친구들에게 선수가 되어주기를 제안합니다. 친구의 제안을 흔쾌히 수락합니다. 아이들은 누가 무엇을 잘하는지 알고 있는 듯합니다. 공연 준비가 끝나고 공연은 시작합니다. 놀이는 혼자하기도 하지만 둘 그리고 셋, 그 이상이 함께 어우러질 수 있는 기회입니다. 놀이는 평소에 같이 놀이할 기회가 적었던 친구와 새로운 경험을 제공합니다. 놀이는 친구들과 목표를 가지고 체계적으로 실행하기도 하고, 목표가 없지만 새로운 것을 알아가는 과정이기 되기도 합니다. 아이들에게 놀이는 최고의 배움입니다.

놀면서 크는 우리 아이들

어린 시절 나무로 만든 여러 가지 팽이를 마당이나 골목에서, 논바닥 얼음판에서 돌려보셨죠? 눈과 손, 팔의 협응력을 기르고 관성의 법칙 같은 자연의 원리나 법칙을 배울 수 있는 놀이가 팽이놀이입니다. 색깔을 섞어 만든 종이팽이를 돌리다 보면 색이 혼합되어 아름다움까지 선사할 것입니다. 오늘 저녁 아이와 함께 팽이돌리기 한판 어떠신가요?

발명대장

여섯 살 반 교실 미술영역에는 재활용 재료가 꽉 차 있다. 아이들은 재활용품을 활용하여 만들기를 하고 있다.

"(상자를 두드리며) 이렇게 하면 소리가 나."

"와, 북 같다."

"(두 개의 상자를 부딪치며) 이렇게 하면 북 같지 않지?"

"그거 같은데. 짱짱 소리 나는 거."

"선생님, 이렇게 두 개로 짱짱 소리 나는 거 그거 이름이 뭐예요?"

"심벌즈?"

"네, 맞아요. 심벌즈."

아이가 상자 위쪽으로 병뚜껑을 붙여 손잡이를 만든다.

"(컵 두 개를 맞대어 붙이며) 난 마이크."

"나는 (병뚜껑을 잡아 세워 들며) 심벌즈 연주하고, 너는 노래 불러."

"(색종이를 건네며) 선생님, 지구 노래 적어주세요."

교사는 개사한 '지구를 살려주세요.' 노랫말을 적어 건넨다.

한 아이는 노랫말을 벽면에 붙이고, 또 다른 아이는 친구들을 불러 모은다. 두 아이는 친구들 앞에서 공연한다. 공연이 끝난 후 더 많은 아이와 교사는 다양한 악기와 무대를 만들어 오랫동안 공연한다.

아이들은 재활용품을 활용하여 오리고 붙이고 자르고 찢기를 무한 반복합니다. 발명가니까 그럴 것입니다. 아이들에게는 재활용품의 크기나 소재는 전혀 문제가 되지 않습니다. 작으면 작은 대로 부드러우면 부드러운 대로 무엇이든 뚝딱 만들어 냅니다. 상상이 가능하다면 그 모든 것은 현실로 가져옵니다. 아이들의 생각은 크고 넓습니다. 어른 생각보다 좁거나 부족하지 않습니다. 아이들은 지성보다 감성적으로 사고하기 때문에 그저 어른과 다를 뿐입니다. 아이들 손에서 대단한 작품들이 탄생합니다. 실용성과 견고성에서는 의문이지만 말입니다. 아이들은 가끔 다 만든 작품을 어른들에게 자랑합니다. 그러나 어른들은 이해하기가 어렵습니다. 아이들과 나누는 대화는 '비밀상자'를 여는 것과 같기 때문입니다. 그러나 '비밀상자'는 대화를 포기하지 않는 어른이라면 충분히 열수 있습니다. 다만, 난도 높은 대화 기술이 필요합니다. 아이들은 자신에게 관심을 보이는 어른들에게 해설가를 자처합니다. 자신이 만든 작품의 소재나, 디자인, 활용도 등을 천천히, 자세히 설명합니다. 아이들은 대화 기술이 부족한 어른들을 충분히 이해하기 때문에 아이들만의 언어로 또 설명합니다. 포기란 없습니다. 어른들은 대화의 과정에서 아이들의 능력에 놀라울 것입니다. 그리고 '자녀들과 어린 시절 대화를 많이 할걸.'하는 생각이 들 것입니다. 후회하지 마세요. 지금부터 하면 되니까요.

재활용을 쓰레기라고 말하지 마세요. 아이들의 최고의 놀잇감이니까요. 가정에서도 아이들에게 재활용 바구니를 제공해 주세요. 창의적인 아이디어에 놀라 박수를 치게 될 거예요.

놀면서 크는 우리 아이들

나는 선생님, 너는 학생

여섯 살, 아이 두 명이 마주 보고 앉아 색종이로 천천히 접고 있다.

"색종이 한 장 가지고 와. 마음에 드는 걸로."

"(빠르게 색종이를 챙겨 앉으며) 종이를 잘라?"

"아니. 먼저, 이렇게 네모를 접는 거야. 넌 주황색이 보이게 하고 싶어?"

"(네모 접기를 따라하며) 어. 주황색이 좋아."

"(눈을 맞추며) 이렇게 딱 놓고 이렇게, 이렇게 접어."

"이렇게?"

"(눈을 맞추며) 그렇지. 그렇지. 정말 잘하네. 그다음에 종이를 돌려서 네모 접고."

"(따라 접으며) 그다음에는."

"그다음에는 여기를 꼭꼭 누르고"

"팽이 완성."

색종이 한 장씩 나누어 가지고 아이에게 아이가 잘 접을수 있는 것을 배워 보세요. 이보다 멋진 선생님은 없을 거예요.

아이들은 가르쳐 주는 것에 기쁨을 느낍니다. 그림, 글, 종이접기, 노래, 춤, 그 외도 많은 것을 서로에게 가르칩니다. 꼭 선생님 같습니다. 아이 선생님은 일방적으로 가르치지 않습니다. 친구의 개인 취향을 존중합니다. 배우는 속도나 반응을 천천히 살핍니다. 적절한 칭찬으로 친구가 끝까지 마무리할 수 있게 도와줍니다. 놀이를 펼치는 과정에서 선생님의 역할은 수시로 바뀝니다. 아이들 세계에서는 한 번 선생님은 영원한 선생님이 아닌 것이지요. 아이들은 색종이 한 장으로 주도성을 발휘합니다. 주도적 배움으로 오랜 시간을 몰입하여 결국, 움직이는 팽이를 만들어 냅니다. 아이들은 교실 속 많은 놀잇감 중에서 개인의 취향에 맞춰 놀잇감을 선택하고, 놀고 싶은 장소에서, 마음껏 놉니다. 잘 노는 아이들을 보고 있노라면 신기함과 감사함이 듭니다. 어른이 만들어 놓은 온실 속의 가만히 있는 화초나 벽에 걸려 스스로 움직이지 못하는 그림 같은 일상을 거부하는 아이들이기에 참 멋집니다. 서로 가르치고 배우는 생생하고 활력 넘치는 아이다움을 드러내는 아이들에게 찐한 박수를 보내고 싶습니다. 참 아름다운 아이들입니다.

색종이 한 장의 마법

여섯 살, 아이들이 종이접기를 한다. 아이들은 반쯤 찢어진 색종이를 스카치테이프를 붙여 사각형의 틀을 잡거나, 색종이 모서리 한 부분을 자른 후 접기를 시도한다. 하나둘 완성한 후 큰 소리로 말한다.

"시합하자. 저기 복도에서."
"테이프로 붙여. 출발하는 곳을 만들자."
"길게 붙여야 돼. 경주장이니까."
아이들은 한참을 손가락으로 미니카를 튕겨가며 놀이한다.
"(테이프 끝쪽을 가르키며) 여기 테이프로 동그랗게 그려줘.
"왜?"
"거기에 미니카를 넣게."
"동그랗게 붙이는 것이 어려운데. 네모 모양 어때?"
"좋아."
아이들은 네모 모양 안에 미니카를 넣으며 즐거워한다.

아이들은 색종이 한 장으로 많은 것들을 접어 만듭니다. 배도 만들고, 새도 만들고, 집도 만들고, 피아노도 뚝딱 접어 만듭니다. 종이 한 장의 마법이라고나 할까요. 아이들은 한 장의 종이로 미니카를 만들어 경주게임으로, 골인게임으로 마구마구 변형합니다. 놀이를 위해 교실에서 복도로 공간을 자유롭게 이동합니다. 아이들은 색종이를 꾹꾹 눌러 접어가면서 몰입합니다. 접는 것만으로 끝내고 싶지 않습니다. 완성품으로 다음 놀이를 펼쳐냅니다. 아이들은 종이 한 장으로 시작하여 점점 깊고 넓은 생각으로 이어갑니다. 언제 어디서나 구할 수 있는 한 장의 종이는 훌륭한 놀잇감입니다. 내가 만든 놀잇감, 세상에 하나밖에 없어 참 소중합니다. 어른들은 쉽게 말합니다. '요즘 아이들은 아주 비싼 놀잇감을 좋아하지.'라고 말입니다. 이런 말은 아이들을 이해하지 못하는 그런 어른들이 하는 말입니다. 아이들은 다양한 모양이 되도록 찢어진 종이를 붙이거나, 모서리를 잘라서 미니카를 접는 것을 아주 좋아합니다. 아이들을 독창적인 디자이너이자 게임가라고 불러야 하는 이유입니다.

 TIP --

색종이는 큰 비용이 들지 않으면서도 아이들의 집중력 향상에 도움을 주는 것이지요. 어떻게 접느냐에 따라 무궁무진한 완성품으로 변신하는 종이접기는 최저의 재료로 최고의 효과를 낼 수 있는 놀이입니다. 집중력 향상, 색감 발달, 신체 조절, 정서 발달이 되는 색종이접기에 엄마, 아빠도 함께 도전해 보세요.

두 마리 토끼 인형

일곱 살, 아이들은 미술 영역에서 토끼 막대 인형을 만들어 좌우로 움직인다.

"더 넓은 데로 가자. 인형극장 있는 데로."

유아들은 복도에서 인형극 놀이를 한다. 친구들의 요청에 따라 재공연한다.

관람하던 아이가 다가간다.

"(작은 소리로) 공연을 하려면 해설가가 필요하잖아. 내가 할게. 내가 시작하겠습니다. 말할게."

"(다른 아이가 빠르게 다가와) 나는 박수치라고 하는 사람 할게."

아이들은 소곤거리며 공연 내용을 의논한다.

"자, 자리에 앉아주세요. 그럼 공연을 시작하겠습니다."

아이들이 관람석에서 박수를 크게 친다.

"와~"

"전 해설가입니다. 옛날 옛날."

놀면서 크는 우리 아이들

해설가의 말에 따라 토끼 막대를 움직인다. 유아들은 숨죽여 공연을 관람한 후 박수를 치고, 공연자들은 관람자 유아들을 향해 웃으면서 인사한다.

TIP

아이들은 창의적인 극놀이를 통해 언어뿐만 아니라 자신의 내면을 표현할 수 있음을 알게 됩니다. 극놀이, 움직임, 춤, 미술을 통한 예술표현은 서로 연계될 때 창의적인 표현이 보다 증진됩니다. 아이들은 주변의 것들을 보고, 듣고, 느끼는 경험을 통해 창의적으로 표현하는 존재입니다. 어른들은 아이들에게 많은 것을 보고 듣고 느낄 수 있는 경험을 제공하고 자신만의 창의적인 표현을 즐기게 해야 합니다. 표현하는 것에 공들이는 과정에서 자신감이 충만해 질 거예요.

유아들은 정교하게 두 마리 토끼 막대인형을 만듭니다. 토끼 인형을 만드는 것으로 끝난 것이 아니라 토끼 인형 두 마리로 하루 종일 멋진 공연을 합니다. 하굣길에 아이들은 하루 종일 직접 제작한 작품을 한가득 안고 갑니다. 품이 터질 듯이 욕심을 냅니다. 이유는 집에 가서도 놀아야 하기 때문이라고 말합니다. 대문 앞에서 아이를 맞이하는 부모들은 "얘는 매일 이런 걸 들고 와요. 같은 놀이만 하는 건 아닌지."라고 걱정스러움을 내비칩니다. 걱정은 금물입니다. 아이들은 같은 토끼 인형을 만들어도 매일의 놀이 내용이 달라지니까요. 토끼 인형을 가지고 놀면서도 아기, 누나, 어른이 될 수도 있고, 한국 사람, 미국 사람, 아프리카 사람이 되기도 합니다. 또한 선생님, 과학자, 대통령이 되어 놀수 있고, 경찰관, 프로게이머가 되기도 하니까요. 아이들에게 상상력은 샘솟는 샘물과도 같습니다. 샘물 맛을 보는 나는 아이들에게 빠져듭니다.

사인펜과 물의 결혼

다섯 살, 아이가 키친타월 위에 사인펜으로 그림을 그린다.

"야, 이거 점점 커져."
"우와~"
"(분무기로 물을 뿌리며) 봐봐. 점점 커져."
"우와~"
"점점, 커지고 있지."
"우와~"
"(ohp필름지에 그림을 그린 후 분무기로 물을 뿌리며) 어, 물이 변한다."
"핑크가 됐어. 대박 신기하다."

아이들은 변화에 민감합니다. 우리 반에 누가 결석했는지, 선생님이 목에 맨 스카프 색깔이 어제랑 어떻게 다른지, 친구의 표정을 보고 기쁜지, 화가 났는지 단박에 알아맞힙니다. 오늘은 사인펜의 미세한 변화를 찾아내어 즐겁습니다. 아이들은 사인펜이 키친타월을 만나 그림이 커지는 것이 신기하기만 합니다. 사인펜이 물의 양에 따라 그림의 크기가 달라지는 것에 더 놀라워합니다. 원리를 설명하기는 어렵지만 변화는 새롭고 즐겁습니다. 이러한 변화의 발견은 깊은 궁금증으로 확장되어 또 다른 것을 시도하게 합니다. ohp필름지에 사인펜으로 그림을 삽시간에 그립니다. 물을 뿌립니다. 사인펜과 물이 섞여 핑크로 변화는 과정은 신기 그 자체입니다. 어른들은 사인펜이나 물, 물감 등을 놀잇감으로 제공하는 것을 주저합니다. 아마도 놀고 난 뒤의 수습이 만만치 않기 때문일 것입니다. 그러나 다양한 재료를 제공해야 하는 이유는 분명 있습니다. 왜냐하면 아이가 알고 있는 것을 두려움 없이 실험하고, 우연히 새로운 것을 알게 되어 기쁨을 느끼는 기회가 되기 때문입니다.

 TIP

아이들에게 사인펜과 물을 제공해 주세요. 그 자체만으로도 아이들은 함박웃음을 지을 거예요. 이 색 저 색 선택하여 섞어보면서 관찰력도 좋아지고, 색채를 능동적으로 보고, 만지고, 느끼면서 미적 감각, 심신 안정, 주의력이 성장하게 될 거예요.

연구하는 아이들

일곱 살, 아이들이 종이 포일(음식을 담는 데 쓰이는)에 그대로 비쳐 보이는 그림책의 글과 그림이 신기한 듯 말하고 있다.

"와~ 신기한 종이. 마법이야."
"어, 그림이 보이네. 글씨도 잘 보여."
"와, 신기해."
아이들은 종이를 그림책 위에 대고 글씨를 따라 쓰거나 그림을 따라 그린다.
"(종이 포일에 쓰인 글을 그림책 화면에 뒤집어 갖다 대고 놀라워하며) 어, 안 똑같네. 어, 어, 이상해."
"잠깐 (종이 포일에 그려진 그림을 그림책 화면 옆에 대 보며) 어, 똑같은데."
아이들은 같은 행동을 반복 또 반복한다.
"어, (뒤집어 대어 보며) 이렇게 하면 안 똑같고 (옆에 대어 보며) 이렇게 하면 똑같네."

"와~ 신기해."

　교실에는 다양한 재질과 크기, 색깔의 종이가 있습니다. 아이들은 다양한 종이 중에 자신이 원하는 종이를 선택하여 놀이합니다. 이미 집에서 작품을 구상하고 등원한 것처럼 빠르게 선택하고 아이디어를 뽑냅니다. 가끔은 며칠에 걸려 작품을 발전시키기도 합니다. 아이들은 일상에서 종이에 그림을 그리거나 자르거나, 붙이거나, 글씨를 씁니다. 아이들은 그 외에도 다양한 방법을 시도합니다. 이런 모습이 연구자와 같습니다. 오려서 붙이고 덧붙여 새로운 것을 만들고, 그것을 다시 오리거나 또다시 붙여 새로운 무엇인가를 만듭니다. 아이들은 놀이를 통해 종이에 대해 깊이 있게 알아갑니다. 사전적 의미로 연구란 '어떤 일이나 사물에 관해 깊이 있게 조사하고 생각하여 진리를 따져 보는 일'을 말합니다. 아이들에게 놀이는 연구 과정인 것입니다. 아이들은 종이 포일의 특징을 알아차리고, 글과 그림 위에 올려서 그대로 그려 냅니다. 그린 후 최종 확인 과정에서 글과 그림의 방향이 예상을 빗나갑니다. 여러 번의 시도 끝에 바른 위치와 뒤집어진 방향을 찾아냅니다. 아이들은 이 모든 것을 스스로 발견합니다. 뉴턴이 떨어지는 사과를 보고 만유인력을 발견한 것처럼요. 이런데도 아이들을 허술한 존재로 보시겠습니까?

종이 포일은 고기를 굽거나 고구마나 감자 등을 구울 때, 김밥을 포장할 때 등 사용할 텐데요. 종이 포일은 아이들에게 있어 간단하지만 획기적인 그림 그리기 아이템입니다. 아이들에게 양보하세요.

재활용품의 재발견

일곱 살, 아이는 미술 영역에서 다 사용한 2.5cm의 스카치테이프 관 6개, 우유갑 1개, 휴지심 1개, 조각난 색종이를 모으고, 여섯 살, 아이는 다 사용한 보드 마커 2개와 다 쓰고 남은 휴지관 2개와 스팽글을 모은다. 둘은 나란히 앉아 각자 만들기를 한다.

"(뒤적이며) 이런 거 (스카치테이프관) 더 많이 필요해."

언니는 우유갑 위로 휴지관을 붙여서 세움판을 만든다. 동생은 휴지관 앞쪽으로 토끼의 눈, 코, 입을 그리고 휴지관 뒤쪽으로 스카치테이프를 이용해 보드마카를 붙여 귀를 만든다.

"(토끼 목에 스팽글을 붙이며) 집을 찾을 수 있게 목걸이도 걸고."

"언니, 고리 던지기야? 우리 놀이터에 있는 거?"

"딩동딩동. 고리 던지기 맞아."

"(손가락에 끼워 보여주며) 나는 치즈 토끼."

"왜 이름이 치즈야?"

"귀여우니까."

"치즈 토끼가 심판보고 누가 더 거나 시합하자."

"(고리를 나눠주며) 언니도 3개, 나도 3개."

"(토끼 인형을 한쪽에 세우며) 토끼가 심판. 레디 액션 시작."

"(고리를 던진다) 다 성공. 이젠 언니 차례!"

"(고리가 바닥으로 떨어진다) 오~~~ 노!"

두 아이는 며칠 동안 반복하여 놀이하고 친구들에게 빌려준다.

아주 많이 활동적이라서 가만 있지 못한다는 것이 아이들에 대한 일반적인 정의일지 모릅니다. 천만에 만만에 말씀이지요. 아이들은 몇 시간이라도 한곳에 앉아 있을 수 있습니다. 내가 하고 싶은 것이 있다면 더욱 그럴 수 있습니다. 아이들은 진지하게 미술 영역에서 재료를 고릅니다. 결국 선택한 것은 재활용품입니다. 오랜 시간을 두고 한 선택은 한자리에 오랫동안 머무르게 합니다. 이유 있는 선택을 하였기 때문입니다. 재활용품은 무한한 가능성을 가지고 있는 물건입니다. 물론 그것의 가치를 알아보는 사람에게만 말이지만요. 재활용품이란 '용도를 바꾸거나 가공하여 다시 사용할 수 있는 폐품. 또는 그 폐품을 사용하여 만든 물품'입니다. 아이들은 재활용품에 생명력을 불어넣어 고리 던지기와 토끼 인형을 만듭니다. 오직 자신의 생각으로 해냅니다. 창작품은 둘이 하는 게임으로 바뀝니다. 친구들에게 빌려주기도 합니다. 아이들에게 재활용품은 고물이 아니고 보물입니다. 재활용품의 진가를 알아보는 아이들은 최고의 보물입니다.

오늘부터는 휴지심을 모아두세요. 긴 것, 짧은 것 모두 괜찮습니다. 아이들에게 휴지심은 망가져도 아깝지 않고 주위에 쉽게 재료를 구할 수 있어 언제든 편안한 놀잇감이랍니다.

놀면서 크는 우리 아이들

잡동사니 아니고 나의 꿈입니다

다섯 살, 아이들이 음악을 재생한다. 다양한 색깔에 보자기를 각자 어깨에 두르고, 허리에도 두른다. 유치원 마당을 나풀나풀 뛰어다닌다. 갑자기 쓰레기통 바깥으로 삐죽 나와 있는 과일 포장지를 발견하고 빠르게 뛰어간다.

"(팔에 끼우며 들뜬 목소리로) 이거야. 공주 장갑."

"(팔에 끼우며 기쁜 듯이) 나도 공주님."

"나는 쥬쥬 공주."

"나는 아이린."

"(발목에 끼우고 미소 지으며) 난 왕자님."

 TIP

> 과일 포장지는 버리지 마시고 모아보세요. 다양한 놀이가 가능합니다. 과일 포장지는 그 자체로도 감각 놀이가 된답니다. 만지면 푹신푹신하고 촉감이 좋죠. 반대로 뒤집으면 꽃 모양이 되어 꽃 모자가 되기도 하고 또 다른 창작물의 재료가 되기도 합니다.

어른들은 아이들이 수집하는, 만지는, 가지고 노는 물건에 못마땅할 때가 있습니다. 그것도 쓰레기통에서 나온 것이라면 더 그렇습니다. 아이들은 공주가 되기 위해 어깨에 보자기 망토를 두르고, 허리에 보자기 치마를 두릅니다. 그러나 뭔가 아쉬운 듯합니다. 과일 포장지를 발견한 아이들은 쓰레기통을 향해 마구 뜁니다. 제대로 된 뭔가를 발견한 기쁨의 몸짓입니다. 가끔 아이들의 개인 서랍을 정리하다 보면 이걸 버려야 하나 고민되는 온갖 것이 있습니다. 짧은 끈, 작은 돌멩이, 찢어진 색종이, 사용한 것 같은 휴지, 반토막 난 낙엽 등등 말이지요. 교사는 아이를 위해 깨끗하게 정리합니다. 다음날 등원한 아이는 "선생님, 작은 빨간색 하트 못 봤나요?"라고 묻습니다. "어디에 쓰려고?"라고 물으면 "비밀상자 여는 열쇠예요."라고 말합니다. '버리지 말걸.' 하고 교사는 때늦은 후회를 합니다. 그리고 선의의 거짓말을 합니다. "다시 한번 찾아보렴. 찾을 수 있을 거야."라고 말입니다. 아이들은 이유가 있어 물건을 수집하거나 선택합니다. 지나간 추억에 대한 기념일 수도 있고 무언가 다가올 것에 대한 미래일 수 있습니다. 과일 포장지는 공주가 되고 싶은 미래의 꿈입니다. 과일 포장지는 쓰레기통에 들어간 휴지 조각이 아니라, 눈부신 꿈의 조각인 것입니다. 아이들의 꿈은 쓰레기통에서도 피어난다는 것을 아는 어른들이 주위에 많이 있었으면 좋겠습니다.

놀면서 크는 우리 아이들

우리는 서로에게 선생님

여섯 살, 아이 한 명이 요술 그림을 들고 옆 반으로 방문한다. 아이들이 주위에 모여든다.

"그게 뭐야?"

유아는 OHP필름 뒤에 흰색 도화지로 만든 돋보기를 대고 좌우로 움직인다.

"우와, 그거 정말 멋지다. 나도 해보고 싶다."

"이거 만들려면 OHP필름이랑 검정도화지, 매직, 그림이 있어야 해."

"선생님, 그거 가져다주세요."

교사는 재료를 준비해주고 유아들은 교실 책꽂이에서 그림책을 고른다.

"(『콩쥐팥쥐』 그림책 앞표지를 가리키며) 이거 그림 너무 예쁘다. (제목을 한 글자씩 가리키며) 콩, 쥐, 팥, 쥐. (가리키며) 얘가 주인공인가 봐. 우리 이거 그리자."

"여기에는 매직으로 그려야 돼. 안 지워져."

"좋아."

유아들은 책상 위에 그림책을 올리고 앞표지에 OHP필름을 올린다. 매직으로 주인공을 따라 그린다. 동물, 꽃을 더 그려 넣고, 꼼꼼히 색칠한다. 흰색 도화지로 돋보기 모양으로 만든 후 OHP필름 뒤에 끼워 좌우로 움직인다.

"(돋보기처럼 크게 보이는 그림을 쳐다보며 큰소리로) 와아, 신기해. 하하하 진짜 신기해."

아이들은 새로운 것에 관심이 많습니다. 또래가 하는 것이라면 더욱 그렇습니다. 아이들은 또래의 새로운 놀이에 빠르게 모입니다. 친구는 OHP필름의 특성을 잘 알고 있습니다. 투명해서 그림을 그대로 따라서 그릴 수도 있고, 매직으로 그려야 그림이 지워지지 않는다는 것을 알고 있습니다. 또한 특정 그림을 잘 보려면 검정도화지가 뒷배경이 되어야 하고, 흰 도화지가 돋보기 역할이 되어야 한다는 것도 알고 있습니다. 요술 그림의 원리를 파악한 옆 반 친구는 혼자만 알려고 하는 욕심쟁이가 아닙니다. 알려주는 기쁨과 알아가는 친구에 대해 기쁨을 느끼는 배려 깊은 아이입니다. 공유와 협동을 하면 행복해 진다는 것을 스스로 발견하고 실천하는 아이들 모습에 오늘도 저는 놀랍니다.

아이들은 유능하며 강합니다. 아이들은 어른이 생각하는 것처럼 약하지 않습니다. 매사 모든 일을 가르쳐야 하는 미완성의 존재가 아닙니다. 저마다 다른 재주와 관심사가 있고, 자기 삶을 개척하려는 의지가 있습니다. 아이들의 내면의 힘을 지지해주세요. 그리고 어떤 것에 흥미와 관심을 보이는지, 무엇을 알고 싶어 하는지 아이들이 던진 말 한마디, 행동 하나를 무심코 지나치지 않고 그 뜻을 해석하려고 노력해 주세요.

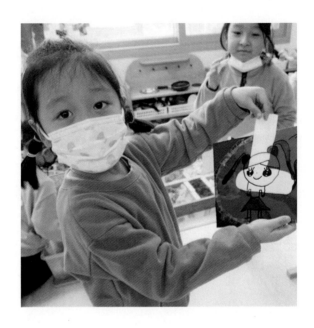

돈을 어떻게 만들지?

여섯 살 반 역할영역에서 며칠째 가게놀이가 지속되고 있다. 한동안 한글로 메뉴판을 만들어 놀이하더니 돈 만들기로 이어지고 있다.

"(놀잇감 동전을 내밀며) 나 이렇게 생긴 거 만들고 싶은데."

"만들자."

"어떻게 만들어? 종이는 이렇게 자를 수 있는데 숫자는 못 써."

"내가 도와줄게."

"(동전을 가리키며) 이렇게 동그랗게 어떻게 그리지?"

"(모양 자를 꺼내 동그라미를 가리키며) 이걸로 그리면 되지."

"(요구르트 병을 종이 위에 올리면서) 아, 이걸로도 되겠네."

아이들은 다양한 크기의 동그라미 그린 후 모양대로 오린다.

"(숫자 1, 2, 3을 써서 보여주며) 이렇게 써."

"내가 숫자를 못 쓰니까, 니가 여기 있는 거랑 똑같이 써 줘."

아이 한 명은 동그라미를 그려 오리고, 아이 한 명은 숫자를 쓴다.

놀면서 크는 우리 아이들

"어, 진짜 이거랑 똑같네. 여기 네모 종이에도 숫자 똑같이 써 줘."

"그래. 나, 이거 잘할 수 있어 내가 진짜 큰돈 만들어 줄게."

"나는 잘 오리니까, 네모, 동그라미 많이 할게."

아이들은 바구니 가득 동전과 종이돈을 만든다.

아이들은 한동안 다양한 가게놀이의 메뉴판 만들기에 빠지더니 물건을 팔고 살 때 필요한 돈으로 관심이 이동합니다. 아이는 놀이 과정에서 사용할 돈을 만들고 싶습니다. 아이는 친구에게 도움을 요청합니다. 아이는 필요한 것이 무엇인지 친구에게 구체적이고 정확하게 표현합니다. 친구는 상대방이 원하는 것을 성공할 수 있도록 반응합니다. 아이는 부탁하는 것에 주저함이 없고, 친구는 수행을 어려워하는 아이에게 거절과 무시함이 없습니다. 이 시기의 아이들은 자기중심이라고 말합니다. 그래서 또래와 소통에서 잦은 다툼이 생긴다고 하지요. 그러나 놀이 속 아이들은 친구를 배려합니다. 친구가 무엇을 원하는지 금방 알아차립니다. 그래서 서로 다툴 일이 없습니다. 아이는 놀이 속에서 종이에 그리고 오리는 것에 자신감을 가지고 척척 해냅니다. 자신이 못 하는 수 쓰기는 친구에게 전적으로 맡깁니다. 수 쓰기를 거침없이 해내는 친구에게 칭찬을 아끼지 않습니다. 이러한 긍정적 반응은 놀이속에서 흔히 볼 수 있습니다. 놀이는 아이들에게 밥과 같습니다. 밥은 아이들을 쑥쑥 자랄 수 있도록 하는 원천에너지입니다. 아이들은 놀이를 통해 몸과 마음이 점점 더 튼튼해질 것입니다.

유치원 일상에서 우리 아이들은 아이들끼리 논의하고, 선생님한테 요구하고, 또 다시 실험합니다. 그래도 안 되면 또다시 논의하고 요구하고 시도합니다. 해결점을 찾으려고 궁리합니다. 궁리의 과정이 놀이이며 배움의 과정입니다. 궁리하는 아이들에게 칭찬을 아끼지 말아 주세요. 건성건성 칭찬 말고 과정을 인정하는 정성스러운 칭찬이 필요합니다.

요런 유머쯤은

일곱 살, 아이들이 종이를 지그재그 계단 모양으로 접어 그림을 그린다.

"선생님, 이거 보세요."

"자동차를 그렸네. 검정 자동차가 정말 멋지다."

"어, 이거 자동차 아닌데… (접혀있는 종이를 쫙 펴며) 이건 기차인데. 크하하."

"(다른 아이가 그림을 내밀며) 선생님, 이것도 보세요. 몇 층일까요?"

"1층."

"이건 2층짜리 케이크예요. (접혀있던 종이를 쫙 펴며) 이렇게 하면 10층도 넘지요. 흐흐흐."

"(다른 아이가 손끝으로 교사의 몸을 '톡톡톡' 친다) 하나, 둘, 셋. 짜짠~ (그림을 쫙 편다)"

"하하하. 불 뿜는 어몽어스(만화 캐릭터)네. 잘 그렸다."

"여기를 보세요. (어몽어스 그림의 가슴 부분을 가리킨다)"

"뭐라고 쓰여 있는 거야?"

"선, 생, 님."

"(장난스럽게 화난 표정을 지으며) 선생님이 화난 어몽어스야?"

"크하하~"

아이들은 서로에게 '좋은 영감'을 줍니다. 친구의 놀이하는 방법을 관찰하고, 서로의 경험을 나누며 재미있는 놀이 방법을 생각해 냅니다. 서로가 나눈 반짝반짝한 생각으로 어른들은 절대 생각하지 못할 놀이를 만들어 냅니다. 아이들의 몸속 어딘가에 분명 상상력 창고가 있는 듯합니다. 아이들은 언제든 그것을 꺼내어 사용합니다. 꺼내도 꺼내도 계속 나오는 생각으로 놀이를 즐겁게 이어갑니다. 특히 어른들을 깜빡 속이는 거리라면 더 즐겁습니다. 아이들은 교사가 답을 틀릴 때마다 웃습니다. 너무 기뻐 웃음을 참을 수가 없나 봅니다. 아이들이 무엇 때문에 웃는지 아는 교사는 슬쩍 눈감아 줍니다. 유아들은 재미있는 놀이에 유머를 더합니다. 아이들이 '짜짠' 하고 보여준 그림이 보이는 것이 전부가 아니라니! 선생님을 놀리는 살아있는 유머를 하다니! 이런 상황을 보고 있노라면 아이들의 유머 수준에 놀라 넘어지겠습니다. '유머는 타고나는 것이고, 자라면서 점점 사라지는 거지.'라는 생각이 불현듯 듭니다. 나는 오늘도 유머스러운 아이들의 풍성한 상상 세계에 놀랍니다.

놀면서 크는 우리 아이들

TIP --

유머는 대화를 부드럽게 해줄 뿐만 아니라, 청중의 주의를 환기시키고 상대를 자기의 편으로 만들 수 있는 힘을 지니고 있습니다. 아이의 유머에 더 큰 소리로, 더 큰 행동으로 웃어주세요. 아이들은 계속해서 유머를 찾아 즐거워할테니까요. 유아시기에 어떤 경험을 했느냐에 따라 아이들의 삶을 담는 그릇의 크기는 달라집니다. 많이 웃어주고 많이 웃겨주세요.

다섯 번째 마당

예술과 마주하는 심미감

여섯 살의 노련한 배우

여섯 살, 아이들이 도서관에서 음악을 들으며 리본막대를 좌우로, 동그랗게, 위아래로 움직인다.

"(잔잔한 부분을 들으며) 이거 공주 음악 같다."

"우리 공주 놀이할래? (엄지손가락을 내밀며) 공주놀이할 사람 여기 여기 붙어라."

아이들은 잔잔한 음악 소리에 맞춰 사뿐사뿐 걷는다.

"(잔잔한 음악이 끝나고 음악 소리가 커지는 부분을 들으며 모두 쓰러진다) 공주가 죽었대."

"(벌떡 일어나) 우리가 구해주자. (리본막대를 돌리며) 일어나라 얍!"

죽었던 공주가 살아나며 공주놀이를 계속해서 이어 나간다.

놀면서 크는 우리 아이들

소리는 아이들 삶에서 떼려야 뗄 수 없습니다. 일상에서 친구들과 함께 노래 부르고 악기를 연주하면서 협동심과 친분을 쌓을 수 있습니다. 뿐만 아니라 아름다움을 느끼고 즐길 수 있게 되어 심미감이 향상됩니다. 어렸을 때부터 음악과 친해질 수 있도록 도와야겠죠?! 동요, 클래식 등 가리지 말고 아이와 함께 음악을 즐겨주세요. 아침 눈을 뜰 때도 좋고, 잠자리에서도 좋고 언제나 좋습니다.

아이들이 며칠간 같은 장르의 음악을 감상합니다. 음악 속의 리듬과 그 속에 전개되는 이야기를 온전히 느끼고 찾기 위함입니다. 충분히 듣고 난 아이들은 드디어 표현합니다. 우아한 리듬에서는 몸이나 리본막대를 천천히 움직여서 우아함을 표현합니다. 거세고 빠른 리듬에서는 아주 빠르게 흔들어 긴박함을 놓치지 않습니다. 뿐만 아니라 음악 속에서 공주의 죽음을 찾아내고 금세 공주를 구하는 인물을 창조해 냅니다. 아이들은 노련한 배우처럼 다양한 표정으로 다양한 역할을 합니다. 상황을 지켜보는 친구들과 교사는 어찌나 천연덕스럽게 연기를 잘하는지 진짜인지 깜빡 속아 넘어갑니다.

놀면서 크는 우리 아이들

결정왕

　일곱 살, 아이들이 컴퓨터를 활용하다가 우연히 아주 짧게 유튜브에 접속하게 된다. 잠시 스친 '아이스에이지' 광고 화면을 보고 아이들은 "어, 아이스에이지다.", "저거, 재밌는데.", "나 본 적 있는데~", "영화 보러 나도 갔는데."라며 한꺼번에 와르르 이야기를 쏟아낸다. 아이들은 코로나로 인해 못 보러 가는 현실을 아쉬워하며 "영화 보고 싶다.", "요즘 영화관에 못 가서 너무 아쉬워."라고 토로한다. 그 순간 한 아이가 "영화관, 우리가 만들자."라고 말한다. 아이들은 뚝딱뚝딱 만들어 낸다. 의자를 쭈룩룩 모아 좌석을 만들고, 스케치북을 길게 붙여 화면을 만들고, 영화표도 만들고, 상영할 영화제목도 정하고, 발권하는 사람, 영화표를 검사하는 사람, 자리를 안내하는 사람, 손 소독과 열 체크를 하는 사람 등 역할을 정한다. 아이들은 저마다 하고 싶은 사람이 된다. 그리고는 "선생님 지금 영화 보러오세요."라고 말한다.

아이 스스로 결정하고 선택할 수 있는 기회를 제공해 주세요. 물론 일찍 잠자리에 들고 싶지 않은 아이의 의사를 존중해서 놀고 싶을 때 까지 놀게 하기, 야채를 싫어하는 자녀에게 전혀 야채 반찬을 제공하지 않기, 대중음식점에서 뛰고 싶어 해서 돌아다니도록 놔두기 등은 바르게 가르쳐야 할 부모의 몫인 것들이지요. 왜냐하면 유아의 성장과 발달에 적절하지 않기 때문이지요. 그러나 아이의 발달에 적합한 자기결정은 아이 스스로 할 수 있도록 기다려주세요. 인간은 선택 할 수 있을 때 행복합니다. 자기 결정력이 높은 사람은 삶에 대한 자기 만족도와 자아 존중감이 높은 경향을 보이며, 삶의 질과 만족도에 있어 긍정적인 경향이 있습니다.

아이들의 생각은 각양각색, 천 가지 만 가지입니다. 아이들은 찰나를 놓치지 않습니다. 찰나에 보고, 듣고, 말하고, 읽습니다. 그리고는 소나기처럼 많은 것을 쏟아냅니다. 평상시 보고 싶거나, 먹고 싶거나, 하고 싶거나, 갖고 싶은 것이기 때문입니다. 아이들은 영화의 한 장면을 보는 순간 "아이스에이지다."라고 놓치지 않고 말합니다. 아이들은 친구가 "우리가 만들자."라고 소리치자마자 동의하고, 공감하고, 협동하며 하나가 됩니다. 순식간에 으리으리한 영화관을 만들어 냅니다. 역할을 정하고 주변에 영화 상영을 알립니다. 아이들의 결정이나 선택을 대신해주는 어른들이 있습니다. '이렇게 해야지, 저렇게 해야지.' 하고 말입니다. 그러나 그럴 필요가 없습니다. 이미 아이들 몸과 마음, 생각에는 많은 것이 들어 있으니까요. 결정하고 선택할 수 있도록 놀게 놔두면 됩니다. 아이들의 이야기에 귀

기울여 주면 더 좋습니다. 참 재미있는 아이들 세계를 엿볼 수 있으니까요.

음악을 그려요

일곱 살, 아이들이 같은 구간 음악을 반복적으로 재생한다.

"누워서 들어봐. 꼭 구름 위에 있는 것 같아."
"나는 엎드려서 들어야지. 와~ 엄마 품에 있는 것 같아."
"눈감고 들어봐. 꼭 비행기를 타고 있는 것 같아."
"나는 물속에 떠 있는 것 같아."

 TIP

아이 스스로 음악을 듣기 위해 플레이 버튼을 누르는 것에는 큰 힘이 있습니다. 음악을 통해 과거로 가기도 하고, 세계 여행을 떠나기도 하니까요. 음악은 아이들의 삶에 실질적인 긍정적인 영향을 주게 됩니다. 음악을 들으면 기분이 좋아지고, 한없는 즐거운 관계를 유지하게 합니다. 가정에서도 플레이 버튼을 자유롭게 누를 수 있는 환경을 만들어 주면 좋을 텐데요.

놀면서 크는 우리 아이들

그래서 듣고 느끼는 것이라 말하나 봅니다. 아이들이 듣는 음악은 피아노 연주곡입니다. 아이들은 음악을 반복해서 듣습니다. 듣는 것뿐만 아니라 그 순간 들어오는 온 느낌을 말로 표현합니다. 아이들은 말로 표현하는 것에 주저함이 없습니다. 반복하여 감상하며 각자의 기억과 상상을 더해 지금 여기, 이 순간으로 끌어옵니다. 음악은 아이들에게 각기 다른 세상을 그리게 합니다. 이것이 음악의 오묘한 맛이지요. 같은 곡, 다른 느낌 말입니다. '진정한 음악은 귀로 듣지만 눈으로 보는 것처럼 그릴 수 있다.'라고 전문가들은 말합니다. 참 신기합니다. 아이들은 음악이라는 오묘한 세상을 전문가처럼 이해하니까 말입니다.

명화의 제맛

여섯 살, 아이들이 교실 벽면에 확대되어 걸린 '주세페 아르침볼도의 봄' 작품을 옹기종기 서서 감상한다.

"이거 사람 얼굴이야. 저쪽을 보는 사람."
"남자? 아저씨? 할아버지? 뭘 보고 있네. 옆으로."
"우와, 얼굴이 다 꽃이야."
"나뭇잎도 있네."
"열매도 있다. 열매가 여기 엄청 많아."
"부엉이도 여기."
"눈은 콩인데."
"여기, 코도 콩."
"여기는 배추도 있어."
"재밌는 거네."

놀면서 크는 우리 아이들

아이들은 명화감상을 즐거운 놀이처럼 합니다. 예술적 감각이나 창의력 향상을 위해 명화를 자주 보여 주는 것은 좋습니다. 동네미술관 관람은 어떠신가요?. 어렵다면 일상에 명화 퍼즐 맞추기, 명화 벽그림, 명화 도미노카드, 명화 기억카드는 늘 아이들 가까이 놓아 주면 좋을 듯 합니다.

주세페는 이탈리아 화가입니다. 사람의 얼굴 옆면 초상화를 봄, 여름, 가을, 겨울로 사계절 시리즈를 그렸습니다. 아이들은 그중 봄을 감상하고 있습니다. 주세페가 그린 방식은 여느 초상화와 확연히 구분되는 특징으로 흥미진진합니다. 아이들은 작품을 감상하며 화가의 특징을 자연스럽게 찾아냅니다. 그림을 감상하는 방법을 배운 적도 없는데 참 신기할 따름입니다. 옆을 바라보는 얼굴, 얼굴을 구성하는 다양한 소재를 찾아 술술 이야기합니다. 이야기를 듣고 있노라면, 아이들은 '태어날 때부터 몸속에 예술의 피가 흐르는 거 아닌가.' 하는 생각이 불현듯 들어옵니다. 아이들은 그림을 읽어낼 때 오감각, 그중에서 시각을 가장 많이 활용합니다. 눈을 통해 들어온 정보에 자신들이 알고 있는 경험과 지식을 총동원해 쏟아내고 있습니다. 아이들은 논리를 다 갖추지 않았지만 참 많은 능력을 가지고 있습니다. 그중 으뜸은 재미나게 관찰하는 힘입니다. 나는 가끔 아이가 되고 싶습니다.

감정부자

일곱 살, 아이들은 피아노, 북, 바이올린, 쉐이커, 북을 들고 무대 위로 올라가 원하는 자리에 삐뚤빼뚤 앉는다.

"난 (지휘봉을 들고) 이거 할게."
"난 음악을 틀게."

아이들은 지휘자를 살짝살짝 쳐다보며 블루투스에서 흘러나오는 음악에 맞춰 연주한다. 지휘자는 음악소리가 커지면 팔을 앞으로 쭉쭉 펴고 음악소리가 작으면 손목만 이용하여 지휘봉을 좌우로 흔든다. 연주하는 아이들은 음악 소리가 커지면 악기 소리를 크게 내고, 음악 소리가 작아지면 몸을 웅크리고 작은 소리를 낸다. 음악 소리가 동시에 멈추자 관람객은 미소를 지으며 손뼉을 친다. 아이들은 악기를 바꾸어 다시 연주한다.

악기를 배우는 것은 시간과 노력이 필요하지요. 처음부터 완벽하게 음악을 연주하기는 매우 힘들기 때문에 음악의 한 소절이나 전체를 아주 작은 실수로 끝내기 위해서는 반복연습을 해야 합니다. 아이들은 무한반복을 즐깁니다. 즐겁기 때문에 가능한 일이지요. 노래에 맞춰 악기를 연주하는 과정을 통해 손과 눈의 조율 능력, 성취감과 자신감, 몸과 마음을 진정시켜 주는 기쁨을 맛보게 됩니다. 아이들에게 악기와 음악을 제공해 주시면 절제, 인내, 책임감, 자신감을 스스로 배워 나갈 거예요.

아이들은 블루투스에서 흘러나오는 음악 소리를 들으며 셈여림과 길고 짧음을 알아차리고 다양하게 반응합니다. 박수, 발, 발가락, 놀잇감, 목소리, 악기로 표현합니다. 제각기 표현 방식이 다릅니다. 그러나 어느 누구도 틀리다고 말하지 않습니다. 서로 지켜보거나 따라 하면서 공유, 공감하며 즐거워합니다. 음악은 '박자, 가락, 음성 따위를 갖가지 형식으로 조화하고 결합하여, 목소리나 악기를 통하여 사상 또는 감정을 나타내는 예술'을 의미합니다. 아이들은 특별히 악기를 배운 적이 없습니다. 그럼에도 불구하고 음악과 악기의 어울림을 용케도 알아냅니다. 아이들은 독특한 자기 개성을 드러내며 연주합니다. 아이들은 감정으로 사고하기에 가능합니다. 감정은 '어떤 현상이나 일에 대하여 일어나는 마음이나 느끼는 기분'을 의미합니다. 유의어로는 '내면세계, 느낌, 기분, 생각, 정서, 심정'이 있습니다. 내면의 기쁨을, 따뜻한 정서를, 행복한 기분을 엇박자로, 불협화음으로 지휘하고 연주하지만 뜨겁게 느끼고, 뜨겁게 표현합니다.

아이들은 말보다 몸으로 표현하는 순수한 음악가, 천재 음악가, 진정한 예술가입니다. 그 자체만으로 보호받고, 존중받아야 할 존재입니다.

놀면서 크는 우리 아이들

여섯 번째 마당

친구와 마주하는 따뜻함

서로의 장점을 찾아주는 아이들

여섯 살, 아이는 그림책을 펴놓고 손바닥만 한 네모 모양의 종이 상단에 글을 쓴다.

"(사슴의 다리 개수는? 글을 적은 후 큰 소리로 부른다) 서연아!"

"(역할 영역에서 놀이하다가 현우 옆으로 빠르게 다가와) 왜?"

"나 사슴 좀 그려줘. 다리도 4개."

"(현우가 적은 글 아래에 사슴을 빠르게 그린다) 여기."

"와, 멋지다. 고마워. (서연이는 미소지으며 빠르게 제자리로 간다)"

"(현우는 옆에 있는 아이에게) 다리 네 개, 뛰어 다닐 수도 있어. 털도 많고, 이 동물은 뭘까?"

"토끼."

"땡."

어른들은 아이에게 자기중심적이라고 말합니다. 그래서 타인을 이해하는 능력이 별로 없다고, 타인의 마음을 잘 모른다고 말입니다.

진짜 그럴까요. 아이는 그림책을 읽다가 카드를 만듭니다. 한 장의 종이에 글과 그림이 있는 카드를 만들고 싶습니다. 그러나 그림그리기는 쉽지가 않나 봅니다. 멀리 놀고 있는 친구를 큰 소리로 부릅니다. 친구는 빠르게 뛰어와 그림을 그려주고 빠르게 제자리로 돌아갑니다. 아이는 친구가 그려준 사슴 그림이 참 마음에 듭니다. 친구 덕분에 글과 그림이 있는 카드를 완성합니다. 카드 만들기는 또 다른 아이와 퀴즈놀이로 이어 나갑니다. 아이들의 세계는 보면 볼수록 더 알고 싶은 세계입니다. "어른들은 친구의 장점을 잘 알고 있나요?", "친구의 놀이를 존중하시나요?", "친구의 도움을 편안히 받을 수 있나요?"라고 묻고 싶습니다. 언제부터였을까요. 타인을 잘 관찰하지도, 가까운 사람들의 장점을 파악하지도, 도움을 받지도 않으면서 살아간 지 말이에요. 아이들은 다릅니다. 상호작용 속에서 서로가 모두 다르다는 것을 금방 깨닫습니다. 게다가 각기 다른 장점을 칭찬합니다. 서로의 능력과 놀이 취향을 존중합니다. 뿐만 아니라 아이들 세계에 함께 노는 선생님들 한 분 한 분의 독특한 특징을 찾아내어 주기도 합니다. 어른들의 세계도 이랬으면 좋겠습니다. 활발한 의사소통을 하면서 서로의 장점을 발견해주고, 도움을 받으며, 행복해졌으면 좋겠습니다.

도움이라는 행위는 스스로 선택해서 실행하는 자율적 규범입니다. 우리의 삶이 기쁘고 보람을 갖는 이유는 도움을 통한 사랑이 있기 때문이지요. 아이들은 그림책 놀이를 통해 친구와 서로 장점을 찾아주고, 도움을 주고받으며 협동, 배움을 키웁니다. 그림책은 즐거운 놀이의 놀잇감입니다. 어디에서나 어느 곳에서나 책 읽는 즐거움을 선사해 주세요. 가방 안에 아이가 좋아하는 그림책 한 권 정도 넣어 다닌다면 즐거움을 느낄 기회가 많아지겠지요.

양보와 배려를 아는 멋진 아이들

다섯 살, 아이 두 명이 딱지치기를 한다.

"저기로 가자."

"(네모판 위에 딱지를 올리며) 여기 밖에 나가면 삑~"

"여기에다 놔."

"(힘껏 내리치며) 아이쿠!"

"왜, 안 넘어가?"

아이들은 있는 힘을 다해 넘기려 하지만 넘어가지 않는다. 순서를 번갈아 가며 넘기려 하지만 절대 넘어가지 않는다.

"(볼록 나온 면을 바닥 쪽으로 뒤집어 주며) 이렇게 하면 더 쉬워."

아이는 힘을 다해 내리쳤고 딱지는 홀딱 넘어간다.

상대방을 도와주거나 보살피기 위해 마음을 쓰는 것, 바로 배려심입니다. 배려는 사람을 기분 좋게 만드는 힘을 가지고 있지요. 또 친구를 사귀는 데 핵심적인 기술 중 하나이지요. 아이들은 친구의 입장을 먼저 생각하지요. 우리 아이들이 그렇습니다. 아이들에게 '양보하는 네가 참 좋다.'라고 격려와 지지를 해 주세요.

어른들은 '게임은 이겨야 맛이지. 무조건 이겨야 해.'라고 생각할 것입니다. 아이들도 대부분 그렇게 생각합니다. 그래서 지고 나면 화나고, 속상해하고, 울기도 하고, 싸우기도 합니다. 그러나 언제나 그렇지는 않습니다. 친구들과 놀기 그 자체만으로 충분히 즐겁다는 것을 알고 있으니까요. 아이는 평평한 면이 바닥을 향해 있으면 아무리 힘을 주어도 잘 넘어가지 않는다는 것을 알고 있습니다. 그러나 배가 볼록한 면으로 친구를 위해 뒤집어 줍니다. 그 덕분에 한참 동안 홀딱홀딱 넘기는 즐거움을 만끽합니다. 아이들은 한껏 웃습니다. 양보하면 더 큰 행복이 있다는 것을 어떻게 알았을까요? 어른인 나는 아이의 모습에서 배웁니다. 몸속에서, 마음속에서, 뇌 속에서 살짝 잊혀가는 배려와 양보를 말입니다. 멋지고 착한 아이들입니다.

헤어짐과 만남

여섯 살 반에는 새로 전학 올 친구의 이름이 개인 사물함에 붙어 있다.

"우리 반에 새로운 친구가 오나봐."

"태은이가 이사 가니까 그런가 봐."

"보고싶지? 태은이."

"어. 이다음에 커서 만날 거야."

"궁금하지?"

"박은지."

"오면 도시락 꺼내는 거 알려주자."

"그림 그리는 곳이랑, 화장실도 알려주고."

"물 먹는 곳도."

"우리가 알려주자."

TIP

과거의 경험은 기억이라는 형태로 뇌에 저장되고 나중에 불러오게 됩니다. 그래서 옛일을 회상하는 일은 마치 시간 여행을 하는 것과 같지요. 아이들이 추억과 기억을 꺼내거든 눈을 맞추고 고개를 끄덕이며 적극 공감해주세요, 시간은 소멸 되는 것이 아니라 미래의 시간 여기저기에서 소환되어 삶을 충만하게 수 놓을테니까요.

아이들은 새 학기, 3월 초 새로운 친구, 새로운 선생님, 새로운 반, 새로운 만남으로 긴장과 설렘을 표현합니다. 긴장과 설렘은 시간이 지나면서 익숙함과 편안함으로 다가옵니다. 그러다가 이별을 경험합니다. 아이들은 이별을 맞는 그 순간 표정이 굳어지기도 하고 울기도 합니다. 슬프기 때문입니다. 슬픔의 감정은 짧을 수도 있고, 오래 갈 수도 있습니다. 아이들이 몇 달 전 헤어진 태은이를 새롭게 만날 은지를 통해 기억해 냅니다. 만남은 아이러니하게도 이별을 기억하고 안부를 묻게 합니다. 이렇듯 만남과 이별은 연결되어 있습니다. 아이들은 헤어짐은 미래에 만남인 것을 알고 있습니다. 아이들의 몸 안에는 사랑, 그리움, 믿음이 들어 있습니다. 이름을 기억한다는 것은 사랑입니다.

툭툭 털고 일어나는 아이들

일곱 살, 아이들이 교실에서 잡기놀이를 한다.

"(두 아이는 같은 방향으로 뛰다가 도망가던 아이가 갑자기 뒤로 돌아서면서 잡으러 가던 아이가 쾅 부딪치며 주저앉아 운다) 아, 아프다."

"(털썩 앉는 아이 앞에 앉는다) 너 일부러 아프라고 그런 거 아니야."

"(눈물을 흘린다) 아아아~"

"(눈물을 닦아주며) 미안, 진짜 미안해. 우리가 놀다 그런 거잖아. 이해해줘."

"(아이들이 우르르 다가와 손을 내밀며) 힘을 줄게. 힘 받아라 얍!"

아이들이 넘어진 아이를 향해 두 손바닥을 펼쳐 모아 힘을 준다. 아무 일 없듯이 친구의 손을 잡고 일어나 잡기놀이를 한다.

여러 동물 중 인간만이 슬픔, 분노, 좌절 등 감정적 이유로 눈물을 흘리는 정서적 울음을 보입니다. 울음은 호흡을 진정시키는 효과가 있습니다. 눈물을 흘리는 행위는 소통의 역할이 되기도 합니다. 아이들이 눈물을 흘릴 때 잠시 잠깐 모른 척해도 좋은 이유입니다. 울고 난 아이는 다시 놀 수 있는 용기가 생깁니다. 그러니 자녀가 울 때 마음 아파 하지 않아도 괜찮습니다. 울고 있는 자녀에게 휘둘리지 않아도 좋습니다. 노는 과정에서의 눈물은 다시 용기 내어 놀 수 있는 힘입니다.

아이들은 잘 웁니다. 그림을 잘 못 그린다고 울고, 밥이 너무 많다고 울고, 신발이 발에 잘 안 들어가서 울고, 계단에서 콩 넘어져서 울고, 친구가 먼저 성공했다고 울고, 게임에 졌다고 웁니다. 하루에도 수십 가지의 이유로 웁니다. 울 때는 참 서럽게 웁니다. 그러나 내 마음을 알아주는 친구 한 명이라도 있다면, 내 손을 잡아 줄 친구가 있다면 서러운 울음은 길지 않습니다. 아이들은 친구 때문에 울고, 친구 덕분에 웃습니다. 울 때 바람처럼 달려와 "괜찮냐?"라고 묻는 친구가 한 명이라도 있다면 언제 그랬냐는 듯이 벌떡 일어납니다. 친구의 말 한마디, 친구의 손길 한 번이 구겨진 마음을 쫙 펴줍니다. 교사는 우는 아이가 생길 때마다 벌처럼 빠르게 달려가 안아주고 눈물을 닦아주고 싶습니다. 그러나 아이를 향한 눈길, 손길, 발길을 애써 참는 이유가 있습니다. 눈물을 닦아줄, 상황을 해결할 친구가 있다는 것을 알기 때문입니다. 놀다가 흘리는 눈물은 눈물을 닦아줄 친구가 있기에 우정을 확인하는 기회입니다. 아이들의

눈물을 함부로 닦아주지 마세요. 아이들끼리 해결할 수 있는 힘이
충분히 있거든요.

놀면서 크는 우리 아이들

질문하는 아이들

일곱 살, 아이들이 각자 여기저기 블록을 세워 건물을 만든다.

"영화관으로 오세요."

"팝콘은 있나요?"

"아니요. 오늘은 팝콘 사장님이 안 왔어요."

"왜요?"

"코로나가 걸려서요."

"얘들아, 여기로 와."

"어디로?"

"닥터피쉬 체험관."

"뭐하는 곳인데?"

"발 넣으면 물고기가 발 청소해 주는 데야."

"(우르르 몰려간다) 어떻게 하는 건데?"

"여기(의자)에 앉고, 발만 들어와."

"(모형 물고기가 들어 있는 곳에 발을 넣고 앉으며) 앗 뜨거워."

"찬물인데. 얘네가 뜨거우면 죽잖아."

"아 참 그렇지. 시원하다."

 TIP --

'위대한 결과는 위대한 질문에서 비롯된다. 묻는 만큼 알게 된다.'라는 말이 있습니다. 어른이 되면 질문을 해도 딱 한번만 하고 그만둡니다. 질문에 질문을 거듭하지 않습니다. 다른 사람이 이해 안 가는 행동을 해도 묻지 않습니다. 아이들은 다릅니다. 해결이 날 때까지 묻고 또 묻습니다. 세상이 다 궁금투성이기 때문입니다. 아이들의 질문에 귀를 기울여 주신다면 아이들의 미래는 바뀌게 될 것입니다.

나는 질문을 좋아하지 않습니다. 학생 시절에는 선생님의 질문을 피하기 위해 책 속에 얼굴을 파묻었고, 회의 시간에는 눈에 띄지 않으려고 최대한 멀리 앉았습니다. 지금도 질문을 좋아하지 않습니다. 부정적인 경험이 없음에도 불구하고 질문하면 질색을 하게 됩니다. 대부분의 어른들은 거의 비슷할 것이라 생각이 듭니다. 아이들은 그렇지 않습니다. 아이들은 질문을 하는 것에도, 답을 하는 것에도 주춤하지 않습니다. 알고자 하는 힘이 강하기 때문입니다. 아이들의 일상은 질문에서 시작하여 질문에서 끝납니다. 아이들은 일상에서 하늘이 왜 파란지, 놀이터는 언제 나가는지, 오늘 간식은 무엇이 나오는지, 팽이가 왜 더 빨리 안 돌아가는지, 닥터피쉬 체험관은 무엇을 하는 곳인지 질문을 주고받습니다. 질문은 선택하게 만들고, 선택은 행동하게 만듭니다. 아이들은 오늘도 질문하고 선택하고 행동하며 세상을 알아갑니다.

놀이는 쓸데 있는 짓입니다

일곱 살, 아이 세 명이 손을 잡고 뱅글뱅글 돈다.

"(시계방향으로 빠르게 돌며) 동동 동대문을 열어라. 남남 남대문을 열어라."

"더 빨리."

"(계속 돈다) 동동 동대문을 열어라. 너무 빨라. 넘어질 것 같아. 하하하하~"

"넘어지는 사람 술래!"

"(넘어진다) 서현 들어가."

"(두 아이가 손을 마주 잡고 시계방향으로 돈다) 동동 동대문을 열어라."

"(의자를 내려놓으며) 서현 여기 앉아~"

"(서현이를 가운데 앉히고 둘을 손을 맞잡고 돈다) 동동 동대문을 열어라."

"한 명이 더 있어야 해. (주변을 향해) 할 사람 여기 여기 붙어라."

"(한 명이 다가온다) 정윤지랑 손잡고 들어. (두 아이는 아치형을 만든다)"

"시작. (빠져나가며) 동동 동대문을 열어라. 쾅. 잡았다!"

"잡혔으니까 은지가 술래~"

"(은지가 벽에 얼굴을 가까이 대며) 무궁화 꽃이 피었습니다."

"우리는 뒤로 갈게."

"준비, 무궁화 꽃이 피었습니다. (뒤를 빠르게 돌아본다)"

"(은지 목소리가 들리지 않는 듯 멀리서 대기하던 아이들이 조금씩 앞으로 나오며) 무궁화 꽃이 피었습니다."

"(은지가 아이들을 쳐다보며) 내가 술래잖아."

"마스크 때문에 잘 안 들리니까. 우리가 목소리가 더 크니까. 우리가 무궁화 부르면서 앞으로 갈게. (뒤에서 대기하던 아이들이 앞으로 천천히 나오며) 무궁화 꽃이 피었습니다. (빠르게 멈춘다) 하하하."

"(은지가 뒤로 뛰어가며) 나도 거기서 할게."

주변의 아이들이 우르르 참여한다. 모두 즐겁게 웃으며 한참을 같은 방법으로 놀이한다.

아주 오래전부터 전해 내려오는 놀이에는 방법과 규칙이 있습니다. 규칙이란 '여러 사람이 다 같이 지키기로 작정한 법칙, 제정된 질서'입니다. 어른 세계에서는 규칙은 '변경 불가'가 상식입니다. '동대문 놀이'는 두 명의 술래가 손을 잡고 대문을 만들고, 다른 아이들은 대문을 빠져나가면서 잡히지 않는 것입니다. 또한 '무궁화꽃이 피었습니다'는 숨바꼭질을 응용한 놀이로, 술래가 벽을 보고 '무궁화꽃이 피었습니다'를 외치다가 구호가 끝남과 동시에 뒤를 돌아보고 움직이는 사람이 있으면 잡아내는 것입니다. 아이들은 이러한 규칙

을 모르지 않습니다. 그러나 놀이에 있어 '규칙을 변경할까?, 말까?'
에 에너지를 쏟지 않습니다. 왜냐하면 시시비비를 가려야 하는 것보
다 놀이, 그 자체가 즐겁기 때문입니다. 똑똑한 아이들입니다. 해야
할 때와 안해야 할 때를 구분하니까요. 아이들은 놀이 속에서 자율
과 조율, 규칙 변경 기술, 협상의 기술, 주도성, 즐거움을 스스로 배
웁니다. 아이들이 많이 놀아야 하는 이유가 여기에 있습니다. 놀이
는 모두 쓸 데가 있습니다. 건강한 성장을 원한다면 잘 노는 아이들
을 칭찬해 주세요. 그리고 적극적으로 노는 아이들에게 어떻게 하
면 그렇게 잘 놀수 있는지를 물어보세요. 놀이가 얼마나 쓸 데가 있
는지 말해줄 것이니까요.

 TIP ---

아이는 움직이는 것을 즐거워하고 끊임없이 움직입니다. 이는 움직이면서
자극을 온몸으로 흡수하며 배운다는 것을 의미합니다. 신체놀이는 타인과
소통하며 사회적 관계를 맺고, 타인의 움직임을 모방하여 표현함으로써 신
체, 언어, 사회, 정서, 인지, 심미, 창의 등 전인적 발달의 중요한 통로가 됩니
다. 많이 움직이게 놔두세요.

놀면서 크는 우리 아이들

어려운 일을 웃으며 해내는 아이들

다섯 살, 두 아이가 컵타용 컵을 지그재그로 높게 쌓고 있다.

"(컵을 집으며) 아직 여기 많아."

"(와르르 무너진다) 으히히히. 먼저 모으자. (겹겹이 끼운다)"

"이렇게 해서 높은 성 쌓자. 어, 키 재보자."

"(각각 겹겹에 세운 컵을 세워 대어보며) 니가 더 올려."

"(두 개의 컵을 겹겹이 올리며) 어~~ 똑같네. 우리 합체해서 높은 성 쌓자."

"(지그재그 쌓다 무너진다) 으하하하 우리 다시 쌓자."

"(쌓는다) 너무 커질 것 같아."

"(무너진다) 떨어진다. 으악~~."

"괜찮아. 다시 쌓으면 되지."

"쌓는다! 아까처럼 커지고 있어. (의자 위에 올라서며) 하나씩 올려."

"(무너진다) 하하하. 우리 다시 만들자. 쓰러지지. 너무 자꾸 쓰러지네."

"이거 어려운데. 우리가 쌓으면 쓰러져. (음을 넣어) 다시 시작. 다시 시작."

"(높게 쌓자, 무너진다) 너무 웃기다. 또 쓰러지네. 다시 시작. 다시 시작."

"(높게 쌓는다) 이건 밑에 놓자. 잡고 있어."

"(서서 잡는다) 힘내라. 힘내라."

"(꼭대기에 컵을 올리며) 아, 됐다. (박수를 치며) 지아야. 됐어."

"(잡고 서서 큰소리로) 와아아아~"

괴테는 '자신의 생각을 행동으로 옮기는 것은 세상에서 가장 어려운 일이다.'라고 말합니다. 아이들의 놀이 모습을 봤다면 '세상에서 가장 어려운 일을 웃으면서 해내는 아이들에게 칭찬 일색이었을 텐데.' 하는 생각이 듭니다. 아이들은 높은 성을 쌓고 싶습니다. 하단에 8개의 컵을 나란히 놓습니다. 2층에는 7개, 3층에는 6개를 놓습니다. 조금만 살짝 건드려도, 층마다 균형이 살짝 어긋나도 순식간에 무너져 내립니다. 아이들은 무너져 내릴 때마다 웃습니다. 그리고는 '다시'라는 말을 반복합니다. 높은 성을 쌓고 싶습니다. 1층, 2층, 3층, 4층 차곡차곡 쌓아지는 듯했지만 한 번에 또 와르르 무너집니다. 여러 번의 무너짐으로 포기가 생각날 법한데도 쌓기를 반복합니다. 해내고자 하는 힘이 대단합니다. 쌓기를 성공하려면 컵이 흔들리기 전에 잡아야 한다는 것을 알아냈습니다. 한 명은 쌓고, 한 명은 잡고, 드디어 성공합니다. 높은 성을 쌓고야 말았습니다. 아이들은 생각을 행동으로 옮기는 것에 망설임이 없고 핑계가 없습니다. 나는 아이들처럼 삶의 주인공처럼 살아가겠다고 마음먹어 봅니다.

 TIP ──

아이들은 탑 쌓기를 하면서 고도의 집중력이 필요하다는 것을 경험합니다. 그 과정에서 성취감, 자신감을 맛봅니다.

한글판에서 글자찾기

일곱 살, 여아 두 명이 역할놀이 영역에서 가게 놀이를 하다가 대화를 한다.

"메뉴판 어떻게 쓰지?"

"우리 선생님한테 물어보자."

"선생님 '메뉴' 어떻게 써요?"

"(글자를 종이에 쓴 후 한 글자씩 짚어가며) 메, 뉴."

"불고기는요?"

"아 참, 나 '부'는 쓸 수 있어요."

교사는 "부에 밑에 리을을 쓰면 불이야."라고 말한다.

"(글씨를 쓴 후 보여주며) 이거 불 맞죠?"

교사는 미소를 지으며 "그렇지." 한다

"고기는요?"

"나 어떻게 쓰는지 알 것 같아. 야, 저기 벽에 글자보고 하자."

"(두 아이는 벽면에 붙어 있는 글자판을 손가락으로 한 글자씩 짚어가며 신나게 읽는다) 가나다라~~~타파하. 거너더러~~~고노~~"

"요거는 '고', 요거는 '기', 요거는 '피', 요거는 '자'. 요거는 '유.'"

아이들은 오랜 시간 글자판을 활용하여 토마토피자 1,500원, 불고기피자 1,000원, 고구마피자 3,000원 메뉴판을 완성하고 주변 친구들을 초대한다.

"얘들아, 피자 가게에 놀러 와."

일곱 살은 한글에 관심이 많아지는 시기입니다. 유아들은 글을 읽고 쓰게 되면 의사소통이 적극적으로 변하게 됩니다. 그것을 아는 부모님은 한글 쓰기와 읽기를 서둘러 접하게 합니다. 학습지를 통해서 말입니다. 나는 이러한 어른들의 행동은 강요가 아닌 한글을 깨쳐 의사소통을 원활히 하길 바라는 자식에 대한 부모님들의 배려라고 믿고 싶습니다. 아이들은 자유놀이를 하면서 초기에는 말로 소통하며 놀이를 이어 나가지만 이내 글자 쓰기로 연결합니다. 원하는 글자를 빠르게 쓰기 위해 교사를 활용하지만 이내 벽면의 한글판을 기억해 내고 선택적으로 원하는 글자를 찾아내어 메뉴판 쓰기에 성공합니다. 아이들은 메뉴마다 적정한 가격을 정하고 손님을 맞이할 채비를 합니다. 계속해서 메뉴판을 수없이 만듭니다. 커피 가게, 케이크 가게, 돈가스 가게, 팥빙수 가게 등 원할 때마다 가게 이름을 변경하고 그에 맞게 메뉴판을 수정하기도 하고 새로 만들어갑니다. 메뉴가 늘어나면 늘어날수록 쓸 수 있는 글자가 많아집니다. 점점 한글 쓰기에 자신감이 붙습니다. 조만간 벽에 걸린 한글판을 보지 않고 줄줄 글자를 써내려 가겠지요.

친구가 있으면 나의 관심사가 친구의 관심사를 통해서 다양한 이야기로 전개될 수 있습니다. 아이들은 글을 알게 되면 더 많은 정보를 접하고 더 넓은 세상을 경험하게 됩니다. 비싼 교구나 학습프로그램이 없어도 한글판 하나, 자유로운 놀이 시간, 자유로운 공간만으로 놀면서 한글을 읽고 쓸 수 있답니다.

몸으로 웃는 아이들

일곱 살, 아이들이 점심을 먹은 후 놀이터로 향합니다. 한참을 뛰어놀다가 운동장 한가운데에 누워 깔깔깔 웃습니다.

"(누워 한쪽 다리를 다른 쪽 다리에 올린다) 하하하."

"하하하 야, 그거 에이(A)다."

"(누워 몸을 구부린다) 다시 봐봐. 난 엘(L) 자세 했는데."

"다리를 쭉, 팔을 쫙 펴면 티(T) 하하하."

"잠깐, 얼굴 똑바로. 하하. 어, 예수님이다. 예수님 일어나세요. 으하하하."

"(빠르게 누워 두 팔을 벌리고 두 다리를 붙인다) 나도 예수님 하하하."

"(빠르게 일어서서) 제가 못을 빼 드릴게요. (손목을 돌려주며) 드르드륵 드르르륵 하하하."

"빨리빨리요. 으하하하."

"걱정 마세요. 다리도 빼 드릴게요. (다리를 돌려주며) 드르륵 하하하."

"(벌떡 일어나 앉으며) 와~ 살아난 예수님이다. 으하하하."

"와~ 내가 구했다. 하하하."

아이들은 참 잘 웃습니다. 입으로, 눈으로, 코로, 손뼉으로 말입니다. 때로는 시원하게, 때로는 얌전하게 웃습니다. 아이들은 웃음꾼입니다. 웃음은 긴장을 완화하고, 몸속의 나쁜 산소를 빠르게 바꿔주고, 불안감이나 긴장감을 해소합니다. 아이들은 웃음으로 놀이 상황을 활기차게 만듭니다. 아이들은 몸놀이에 재미를 불어넣고 또 웃습니다. 특별한 놀잇감이 없지만 재미있습니다. 자유자재로 신체놀이를 창조하고 더 나아가 이야기를 만듭니다. 오직 몸으로, 상상만으로 신체놀이를 이어갑니다. 이 과정에서 유아는 웃고 또 웃고 웃음이 끊이질 않습니다. 만물 중에 인간만이 웃을 수 있다고 하지요. 특별한 능력인 것입니다. 어른들도 하하하, 호호호, 웃으면서 일을 했으면 좋겠습니다. 아이들이 놀이할 때처럼요. 그러면 일이 술술 풀릴 거거든요.

생명과 마주하는 성숙함

지구는 내가 지켜요

여섯 살, 아이들은 주말에 같은 연령대 옆 반 아이들이 플로깅을 진행했다는 이야기를 듣고 그것과 관련하여 이야기를 나누고 있다.

"선생님, 우리도 그거 해봐요. 유치원에서요. 옆 반이 토요일에 한 거요."

"좋아. 플로깅. 고, 고, 고."

"(떨어져 있는 꽁초를 한 주먹 들고) 진짜 저기 많아요."

"병 깨진 게 저기 많아요."

"지구가 아파해요."

"어른이 나빠요."

"플로깅, 맨날 나와서 주워요."

"난 한 개도 안 버렸는데. 진짜 쓰레기가 많아요."

아이들은 몇 주째 지구사랑에 빠져 있습니다. 사랑하기에 지구를 지켜주고 싶습니다. 아이들은 망가진 지구를 어떻게 지켜낼 것인가를 한없이 고민하다가 플로킹을 찾아냅니다. 그러나 우리 반보다 옆 반이 먼저 실천합니다. 옆반 친구들이 먼저 부모와 함께 주말 플로 킹을 하면서 유치원에서 커다란 이슈가 됩니다. 아이들은 지구를 지 키기는 데 앞장서지 못해 아쉽고 서운합니다. 당장 유치원 근처라도 플로킹하며 지구를 지켜내고 싶어 도전합니다. 아이들은 커다란 봉 지 한가득 쓰레기를 담아 돌아와 심각합니다. 평소 심각한 일도 심 각하게 생각하지 않던 아이들이 온 마음과 표정으로 드러냅니다. 아마도 두고 온 쓰레기에 대한 걱정과 상상 이상으로 많아서 '어쩌 지'하는 생각에서일 것입니다. 해결을 위해 지속적인 실천만큼 좋은 것은 없습니다. 아이들은 알고 있습니다. 머리, 가슴, 손을 동시에 움직여 해결해야 한다는 것을요. 플로킹이란 '걷기를 하면서 동시에 쓰레기를 줍는 운동으로, 건강과 환경을 동시에 챙긴다.'라는 뜻입니 다. 좋은 취지의 캠페인입니다. 이 지구상에 사는 모든 어른이 플로 킹을 한다면 어떤 일이 벌어질까요. 운동과 환경, 이 두 마리 토끼 를 잡게 되어 아주 오랫동안 초록 지구를 유지할 수 있을 것이고 건 강백세 할 텐데, 하는 생각이 잠시 스칩니다. 나는 오늘부터 플로킹 을 실천하는 어른입니다. 함께 하시죠.

 TIP

아이들처럼 이번 주말에는 내가 사는 지구를 위해 플로킹 어떠신가요? 생각 했던 거보다 훨씬 쓰레기가 많아서 지구에게 미안해질 거예요. 그러나 플로 킹 이후에는 지구지킴이로 변해 있는 자신의 모습을 발견할 수 있을 거예요.

놀면서 크는 우리 아이들

왜 죽었지?

일곱 살, 아이들이 월요일 아침 등원하자마자 가방을 정리하지 않고 후다닥 개미 채집통에 다가간다.

"어, 이것 봐 다 죽었잖아."

"왜 죽었지? 왜 이러지?"

"개미들이 여왕개미를 차지하려고 싸워서 그런 것 같은데…."

"개미들이 아팠던 거 아닐까?"

"배가 고파서 그런 거 아니야?"

"거기, 원장 선생님이 사준 거에 모두 살아있나 봐봐."

아이들은 우르르 옆으로 몰려간다.

"살았네. 얘네는 안 싸웠나 보네."

"여기에 개미집이 보여."

"개미집?"

"여기는 개미집도 있는데, 우리가 잡은 거에는 흙도, 집도 없고."

"그래서 죽었나 보네."

"흙이 있으면 개미가 열심히 움직이니까 건강해지나 봐."

"우리 또 개미 잡으러 가자."

"또 죽으면 어떻게 하지?"

"흙을 넣어주면 안 죽지 않을까?"

아이들은 선생님을 졸라 언덕에 가서 개미도 잡고, 흙도 담아 교실로 돌아옵니다. 다음 날, 등원하자마자 아이들은 개미 채집통에 다가갑니다.

"개미들이 살아있다. 와~"

아이들은 개미가 죽은 이유가 궁금합니다. 죽음은 개미집을 세밀히 관찰하게 만듭니다. 죽음의 이유를 아파서, 싸워서, 배고파서라고 예측하게 합니다. 예측은 또 다른 개미집을 관찰하도록 행동하게 합니다. 궁금-관찰-토론-채집-다시 관찰로 이어지는 순환은 인간이 삶을 대하는 중요한 태도입니다. 왜냐하면 살아가면서 벌어지는 많은 문제를 긍정적으로 해결하는 방법과 같기 때문입니다. 아이들이 어른에게 '개미는 왜 죽었을까요?'라고 질문했다면 뭐라고 대답했을까요. 어른이라고 모든 것을 알고 있지 않다고 했을까요. 아님, 아이들의 질문에 귀찮은 마음에 아무렇게나 대답하거나 아니면 농담으로 대답으로 했을까요. 순간 아찔합니다. 지혜를 갖추지 못한 어른들이 아이들 옆에 있지 않아서 참 다행입니다. 무책임한 대답을 할 거라면 차라리 웃음으로 대답해보세요. 그 웃음에 힘입어 아이들은 계속 놀이를 이어갈 것이고, 궁금증을 계속 해결하려고 할 것이기 때문입니다.

놀면서 크는 우리 아이들

TIP

우리는 삶에서 죽음을 경험합니다. 그러나 아이들은 죽음 근처도 가질 않길
바라지요. 왜냐하면 죽음은 공포, 두려움, 슬픔으로만 인지하기 때문입니다.
아이들은 개미의 죽음을 통해 자신들의 실수를 되짚어봅니다.

지금, 이 순간 행복해

여섯 살, 아이들이 등굣길에 유치원 입구에 있는 작은 텃밭에서 고추와 수박 덩굴 사이에서 사마귀를 발견한다.

"여기 사마귀가 있어."

"어디? 어디?"

사마귀가 수박 아래로 숨는다.

"어디로 갔지? 잘 안 보여."

"어, 노란 꽃 아래에 동그란 게 있어."

"수박이다. 수박."

"또 찾아보자."

"여기 또 있다. 진짜 작다."

"수박이 꽃 아래에 달렸네."

"이렇게 작은 게 수박이 된다고?"

"고추나무랑 다르게 생겼네. 이거(수박덩굴) 뱀처럼 구불 길어."

"꽃 색깔도 틀려. 아까(고추)는 하얀색이었는데."

"어, 이파리도 다른데? (고춧잎을 만지며) 이렇게 생겼어."

 TIP -- ✏️

'나는 특별한 재능이 없다. 열렬한 호기심이 있을 뿐이다'라고 알베르트 아인슈타인은 말합니다. 아이들은 지적 호기심이 넘칩니다. 아이의 호기심을 억제하지 말고 그대로를 인정하다보면 내 아이가 제2의 아이슈타인이 되겠지요.

아이들은 등굣길 우연히 눈에 들어온 한 마리의 사마귀에 관심을 보입니다. 사마귀는 고추와 수박 덩굴로 숨습니다. 매일 마당 한편에서 그냥 자라고 있던 먹거리가 오늘은 새롭습니다. 아주 작고 작은 수박이 우리가 먹는 큰 수박으로 변하는지, 수박이 꽃 아래에 대롱하고 매달리는 건지, 이파리의 모양이 이랬었는지, 수박 몸에 뱀처럼 긴 줄기가 있었는지 질문의 고리에 고리를 연결하며 텃밭을 머무르게 합니다. 사마귀란 녀석, 덕분입니다. 아이들은 몰입하여 그다음에 해야 할 일을 잊어버립니다. 부지런히 교실로 들어가 가방 정리를 해야 하는데 말입니다. 아이들 세계에서는 별안간 벌어지는 일이 자주 생깁니다. 놀이터에서 놀다가 작은 소리를 듣고 비행기를 이야기하고, 먹기 싫은 빨간 토마토를 놓고 불이 났던 경험을 이야기합니다. 순간 집중하고 그 호기심을 놓치지 않습니다. 자신의 관심에 깊은 주의를 기울입니다.

놀면서 크는 우리 아이들

상식을 넘어서

일곱 살 반에는 『바닷물고기』 그림책을 읽는 것으로 하루가 분주하다. 이 책은 아이들이 사랑해주는 덕분에 너덜너덜하다. 아이들은 그림책을 읽는 것에서 그림책 속 다양한 물고기 보고 그리기, 아쿠아리움 놀이로 확장한다. 최근 물고기의 특징을 살려 세밀화 그리기, 물고기의 특징을 구글로 알아보기가 한창이다.

"(손바닥만 한 그림을 보여주며) 이거 뭐게?"

"범고래. 잠깐, 여기는 거북이 같기도 하고."

"(가리키며) 여기는 바다거북이 유전자 넣고, (가리키며) 여기는 범고래 유전자 넣은 백상아리야."

"와~~~우!"

"그래서 얘는 물이 없어도 살 수 있어. 거북이 유전자가 있으니까."

"나는 거북이한테 백상아리 유전자 넣어서 무시무시한 이빨 만들어 다 잡아먹어야지."

아이들은 전조작기에 해당되며, 사고는 잘 조직화되어 있지 않아 문제해결에 있어 논리적인 방식을 따르지 않는다고 피아제는 말합니다. 그래서 놀이 속에서 아이는 어머니가 되어서 베개를 아기처럼 다루기도 하고 아이가 부엌이라고 명명한 장소에서 어머니처럼 식사를 준비하는 시기라 말합니다. 일화 속 아이들은 범고래에 거북이와 백상아리 유전자를 결합하여 듣도 보지도 못한 동물을 만들어 냅니다. 아이들의 상상력은 어디까지일까요. 아이들의 상식, 인지 수준은 어디쯤일까요. 유전자란 '생물체의 개개의 유전 형질을 발현시키는 원인이 되는 인자. 염색체 가운데 일정한 순서로 배열되어, 생식 세포를 통하여 어버이로부터 자손에게 유전 정보를 전달하는 것'으로 정의합니다. 어려운 유전자의 개념을 충분히 이해한 아이들입니다. 유전자의 개념을 넘어서 유전자의 결합까지도 이해하고 있는 아이들입니다. '아이들이 이런 걸 어떻게 알아요?'라고 의문을 갖는 어른들이 있을 수 있겠습니다. 아이들은 똑똑한 구글이나 AI를 활용하여 궁금증을 해결합니다. 아이들의 수준을 넘어서려면 우리 어른들은 열심히 공부해야겠지요. 그러나 어른들은 배움이 더 딥니다. 그러니 현명한 어른은 아이들의 배움 영역에 제한 두지 말고, 배움이 끝없이 이어지도록 흥미와 호기심을 인정해주고 존중해주는 것이라고 큰 소리로 외치고 싶습니다.

놀면서 크는 우리 아이들

독서는 우리를 즐겁게 하고 독특한 경험을 제공하기 때문에 많은 사람이 즐깁니다. 책을 읽을 때 뇌에서 신경세포가 연결됩니다. 신경세포는 등장인물, 특정 상황을 기억하도록 두뇌를 훈련시켜 암기하는 능력, 지적 능력, 공유 능력을 강화할 수 있습니다. 어디에서나 책을 가까이 할 수 있도록 여기저기에 책을 놓아두기를 바랍니다. 대화의 질이나 양이 부쩍 늘게 될 것입니다.

아이들은 어리석은 것이 아닙니다

일곱 살, 아이는 간식으로 나온 감을 먹은 후 씨를 모은다.

"선생님, 여기 하얀 거에서 감이 나오는 거예요?"
"그렇단다. 거기에서 싹이 나오는 거지."
"아하~"

아이는 네모난 플라스틱 통 바닥에 종이타월을 깐다. 그 안에 감 씨를 넣고 물을 조금 부어 해가 비치는 창가에 올린다. 자신의 이름과 '절대 치우지 마세요.'라는 글씨를 써서 붙인다. 아이는 다음 날 아침에도 종이타월에 물을 붓는다. 아이는 그다음 날에도 물을 붓는다. 종이타월이 누렇게 변한다. 아이가 새로운 종이타월을 깐다. 개인 사물함에서 또 다른 감 씨를 가져와 플라스틱 통에 넣고 물을 붓고 한참을 들여다본다.

배추밭에서 애벌레를 집으로 가져와 키워본 경험 있으시죠? 애벌레가 아름다운 나비로 변화하는 과정에 신비감을 느껴본 적 있으실 거예요. 아이들은 간식으로 제공된 감 씨앗을 깨끗이 발라먹고 애지중지합니다. 교사는 아이들의 호기심에 날개를 달아줍니다. 아이와 함께 올여름 먹고 남은 씨앗을 모조리 심어보는 건 어떨까요? 사과 씨, 수박씨, 그 외의 씨앗 모두 좋겠습니다. 살아있는 자연놀이가 되겠지요.

　　아이들은 생명을 키우는 일에 관심이 많습니다. 아이들은 어른들의 보살핌 속에서 다른 것을 향한 보살핌을 배웁니다. 유치원에는 많은 생명이 자랍니다. 커다란 흰색 대문 앞에는 벼가 자라고, 곳곳에는 소나무와 들꽃이 자라고, 텃밭에는 다양한 먹거리가 자랍니다. 아이들은 생명이 자라려면 자연에너지인 햇빛과 물이 필요하다는 것을 압니다. 또한 사람의 에너지인 사랑과 관심을 적절하게 줘야 하는 것도 이해합니다. 그래서 먹다 남은 감 씨에 사랑과 햇빛과 물이 있다면 잘 자랄 수 있다고 생각했나 봅니다. 그러나 생각한 대로 싹이 나오지 않습니다. 매일 물을 주어도 싹이 보이지 않습니다. 포기하지 않습니다. 종이 타월과 감 씨를 교체해 봅니다. 이러한 행동을 하는 아이들이 너무 사랑스럽습니다. 혹시 아이들이 어리석다고 생각하시나요? 작고 작은 감 씨에서 싹이 나와 커다란 감나무를 상상하는 아이가 어리석을 리 없습니다. '애당초 안 될 걸 뭐하러 시간 낭비하지?'라고 생각하는 어른들이 있을 것입니다. 이런 어른들이 있다면 일곱 살 아이들에게 행하는 도전력을 배워야 합니다. 확신하건대 아이들은 부족하거나 어리석지 않습니다.

개미 감옥

다섯 살, 아이들은 나무 블록을 쌓아가며 개미집을 만든다.

"비키세요. 비켜요. 불이 났어요. 얼른 소방차가 출동해야 해요."

"어디에 불이 났나요?"

"곤충 감옥에서요."

"곤충 마을이요?"

"곤충들이 나쁜 짓을 많이 해서 곤충 감옥에 넣는데 갑자기 불이 났어요."

"어떤 나쁜 짓을 했는데?"

"사람들 팔을 꽉 깨물었어."

TIP

일상 경험의 힘은 놀이상황에서 여실히 드러납니다. 아이들과 애써서 시간을 내어 다양한 공간에서 놀이하는 시간을 가져주시기 바랍니다. 경험은 온전히 아이의 것이 될 것입니다.

아이들의 놀이에는 각양각색의 인물들이 등장합니다. 동물, 식물, 사람, 외계인 어느 것도 문제될 것이 없습니다. 개미가 사람의 팔을 깨물어 개미 감옥에 갇히고 그곳에 불이 나서 인간 세계의 소방차가 출동한다는 놀이 전개는 아이들의 일상에서 흔히 엿볼 수 있습니다. 아이들 상상력의 끝은 어디일까요, 끝이 있기나 할까요. 상상을 위해서는 수백 수천 가지의 미세하고 미묘하고, 놀라울 정도로 신비로운 교감을 해야 합니다. 이러한 특별한 능력을 가지고 있는 아이들에게 "해라.", "하지 마라."와 같은 언어는 그다지 추천하고 싶지 않습니다. 아이들이 만물을 진지하게 지켜보는 것처럼 아이들은 조심히 지켜보라고 하고 싶을 뿐입니다. 그것이 아이들을 이해하는 데 도움이 되기 때문입니다. 다만, 놀이할 때 안전에 대해 위협받는다면 간단한 이유나 설명으로 배울 수 있도록 해주길 바랍니다.

달팽이의 자유

여섯 살, 아이 두 명이 바깥놀이를 하며 나뭇잎 위를 기어가는 달팽이 두 마리를 가까이 관찰한다. 한 마리씩 쫙 편 손바닥에 올려 교실로 들어간다.

"그거 달팽이야?"

"음~ 맞아. 놀이터에서 데려왔지."

"달팽이가 손위에 있으면 뜨거워서 죽는데."

아이들은 빠르게 요플레통을 찾아 달팽이를 넣는다. 그 안에 물을 넣어주고 가까이서 살펴본다.

"있던 곳에 다시 데려다주자. 놀이터로 보내자."

"(작은 종이를 내밀며) 선생님, 달팽이 어떻게 써요?"

"(글을 써서 가리키며 읽어준다) 달, 팽, 이."

아이들은 선생님이 써준 글자 옆으로 '미안해.'라고 적는다. 다른 작은 종이에 '달팽이 예뻐.'라고 쓰고 글자 옆에 여러 개의 하트를 그린다.

놀면서 크는 우리 아이들

"너네 뭐해?"

"달팽이한테 미안해서 편지 쓰고 있어."

두 아이는 편지와 달팽이가 담긴 요플레 통을 들고 놀이터로 향한다. 나뭇잎 위에 달팽이를 놓아준다. 달팽이들은 천천히 기어간다. 아이들은 기어가는 달팽이에게 속삭이듯 편지를 읽어준다.

"내일 또 만나자. 안녕~" 하며 교실로 올라간다.

아이들은 비가 오든, 눈이 오든, 바람이 불든, 춥든 놀이터에서 마구마구 뛰어노는 것을 좋아합니다. 좋아하는 그곳에서 작은 생명체를 발견하는 날이면 그날은 최고의 날이 되지요. 달팽이, 개미, 거미, 노린재, 무당벌레, 귀뚜라미 입장에서는 최악으로 운 나쁜 날이겠지만 말입니다. 아이들은 놀이터에서 두 마리의 달팽이를 발견합니다. 달팽이를 가까이 두고 싶어 손바닥에 올립니다. 아주 작고 작은 달팽이가 어떻게 될까 봐 동글게 말았던 손바닥을 쫙 펴서 넓은 공간을 만듭니다. 빠르게 교실로 올라갑니다. 친구가 달팽이를 손바닥에 오랫동안 올리면 뜨거워서 죽을 수도 있다고 말합니다. 달팽이 집이 될 만한 물건을 빠르게 찾습니다. 죽음이 뭔지 알기에 달팽이를 요플레 통에 잽싸게 넣어줍니다. 불안합니다. 뜨거워서 죽는다는 말에 물을 넣어줍니다. 여전히 불안하여 지켜봅니다. 제자리에 돌려놓는 것이 달팽이를 위한 최선의 방법인 걸 이해합니다. 아이들은 미안한 마음이 몰려옵니다. 달팽이에게 미안함을 담아 편지를 쓰기로 결정합니다. 어른인 나는 이런 동심을 볼 때면 울컥합니다. 이런 상황에 있는 내가 참 좋습니다. 지켜보는 나는 달팽이가 죽어 아이들의 동심에 상처가 생길까 봐 무척 걱정됩니다. 아이들은 서둘러 달팽이를 나뭇잎 위에 놓아줍니다. 다행히도 달팽이는 천천히 기어갑니다. 아이들이 건네는 "내일 또 만나자."라는 인사말은 내일도 살아있기를 바라는 강력한 바람입니다. 내가 아는 두 아이는 지금부터는 손바닥 위에 달팽이를 올려놓는 일은 없을 겁니다. 절대로.

TIP

> 우리 주변에는 동물과 함께하는 사랑스럽고 감동적인 경험, 재미있고 흥미로운 일화, 교훈적인 이야기가 많이 있습니다. 그러나 깜찍한 아이들이 펼쳐내는 깜찍한 사랑 이야기는 너무나도 새롭습니다. 자연과 함께 놀이하는 시간을 많이 제공해 주세요. 아이들은 자연 속에서 진지한 사랑을 배우게 될 것입니다.

놀면서 크는 우리 아이들